高校校园体育文化建设与
审美教育探究

杨　晔　钱　枝　李晓海　著

吉林摄影出版社

·长春·

图书在版编目(CIP)数据

高校校园体育文化建设与审美教育探究/杨晔,钱
枝,李晓海著.--长春:吉林摄影出版社,2024.8
ISBN 978-7-5498-6316-7

Ⅰ.G807.4

中国国家版本馆 CIP 数据核字第 2024UF0485 号

高校校园体育文化建设与审美教育探究

GAOXIAO XIAOYUAN TIYU WENHUA JIANSHE YU SHENMEI JIAOYU TANJIU

著　　者:杨　晔　钱　枝　李晓海

出 版 人:车　强

责任编辑:岳青霞

开　　本:787mm×1092mm　1/16

字　　数:143 千字

印　　张:10.5

版　　次:2024 年 8 月第 1 版

印　　次:2024 年 8 月第 1 次印刷

出　　版:吉林摄影出版社

发　　行:吉林摄影出版社

地　　址:长春市净月高新技术产业开发区福祉大路 5788 号

　　　　　邮编:130118

电　　话:总编办:0431—81629821

　　　　　发行科:0431—81629829

印　　刷:北京银祥印刷有限公司

ISBN 978-7-5498-6316-7　　　　　定　　价:65.00 元

前　言

体育文化是一个跨学科的大领域。笼统地说，就是从文化的特殊视角或领域对体育做出一些必要的分析。这不仅是从一个更为广泛的角度来探讨体育基本理论的各因素，也是对体育本质及其价值更为深入的认识，体育不仅可以增强体质，促进身体发展，而且可以促进心理发展。

体育审美教育是一种多元的、综合的、全面的、发展的体育。它强调在体育过程中，通过培养学生认识和体会体育运动中的美，使学生从中体验到运动的乐趣，提高学生参与体育的动机，促进学生身心和谐发展，进而树立终身体育、终身健身的理念，养成坚持体育锻炼的习惯，将促进学生全面、自由、和谐的发展作为终极追求。

体育教育是高等教育的重要组成部分，是培养德、智、体、美全面发展的人才必不可少的重要内容。近年来，随着高等教育的不断发展，人们重新审视了学校课外体育活动和体育竞赛的作用和价值，期盼着丰富多彩的体育文化能走进校园，强烈呼唤变革和创新传统单一的教学模式。

在本书的写作过程中，作者参考了部分相关资料，获益良多。在此，谨向相关学者师友表示衷心感谢。由于水平有限，加之时间仓促，书中难免存在一些错误和疏漏，敬请广大专家和学者批评指正。

目 录

第一章　高校体育教学概述

第一节　体育与高校体育教学基本认知

一、体育的类型与功能

(一)体育的类型

1.学校体育

学校体育是在各个学校开展的有目的的体育教育活动,旨在提高学生身体素质,教授体育知识、技能等,同时也可以培养学生的意志品质。学校体育是体育的一部分,也是教育的一部分,我国体育事业的发展离不开学校体育。学校体育教育的主要目的是锻炼学生的身体、增强体质,培养学生的意志品质以及终身体育的思想。学校体育由体育课、课外体育活动、体育训练和课外比赛竞技四个部分组成。

2.竞技体育

竞技体育可以最大限度地激发人们的潜能,使人们的体格、体能、心理、运动技能等能力得到锻炼。人们为了在比赛中获得好成绩,会进行一系列的科学训练和比赛,这些都属于竞技体育的一部分。竞技体育是文化领域中的特殊部分,在体育领域中占有最高地位,也是世界体育文化的主体,在大众文化中具有很高的地位。竞技体育将人体的能力发挥到了极限,观赏性和感染力较强。同时,竞技体育也可以凝聚、团结民族力量,振奋民族精神。

3.社会体育

社会体育主要是人民群众为了锻炼身体、进行康复训练、休闲娱乐等而进行的体育活动,它的形式多样,受众广泛。社会体育主要群体是人民群众,涉及社会生活的各个领域,包含的内容也十分多样,比如娱乐体育、休闲体育、养生体育、医疗体育等。当今社会,人们不断提高对自身的发展重视程度,对自身知识水平和身体素质要求也更高。身体素质主要指身体健康、体形、精神状态和自身气质等,人们会选择进行社会体育和学校体育活动来提高身体素质。

(二)体育的功能

体育的功能产生于体育的本质和社会的需要,并从促进社会物质文明和精神文明中表现出来。体育的功能具体如下:

1.健身功能

体育是以身体的直接参与来表现的,这是体育最本质的特点,它决定了体育的健身功能。

(1)改善大脑供血和供氧,提高中枢神经系统的适应能力,能使人心情舒畅,调节社会、生活和工作的压力。

(2)促进人体的生长发育,加速新陈代谢。

(3)对人体内脏器官构造的改善有着积极作用。

(4)刺激骺软骨的增生,促进骨骼的生长。

(5)提高肌肉的工作能力。

(6)提高人体的免疫力、抗疾病能力和心理承受能力。

(7)提高人体对自然环境和社会环境的适应能力,预防疾病,延缓衰老。

2.娱乐功能

体育运动既可以帮助人们提高身体素质,也可以获得精神上的愉悦,陶冶情操,人们可以在运动中暂时放下繁忙的工作,让身心获得暂时的休息。实现体育娱乐功能的主要途径是参观和参与。体育运动具有极高的观赏性,尤其是高水平的竞技体育活动,能够展现出力量与速度的完美结合,让观众欣赏到人体力量和运动之美。另外,体育活动可以让参与者相互配合,在与他人的竞技中获得不一样的身心体验,娱乐自身。

3.社会化功能

人的社会化就是个体社会化,是人从生物的人变为社会的人的过程。而在这一转变过程中,体育运动扮演着重要角色。人们在进行体育运动时,必须遵守体育规则,通常由教师或教练告知规则并进行监督,这一过程就是让人们养成遵守社会规则的行为习惯。

体育运动具有社会性,在体育运动中,人们相互交流,彼此默契配合,可以促进人际交往,提高人们的沟通能力。为了促进人类社会健康发展,就要在社会各类人群中普及健康和体育运动相关知识,使青少年、中年人、老年人等不同年龄段的人都能通过获得的体育知识进行健康的体育活动,培养健康的生活方式。在促进个体社会化方面,体育已经深入社会生活的方方面面,扮演着重要的角色。

4.教育功能

体育是教育的重要组成部分,体育的教育功能是其最基础的功能。人们在参与各类体育活动的同时也在接受教育,无论是在学校、俱乐部还是训练场以及其他各类场所的锻炼,都会有教师、教练和同伴进行指导和教授。尤其在校学生处于身体生长发育阶段,也处于世界观、价值观的形成时期,进行体育运动,不仅可以提高学生身体素质,增强体质,而且还可以让学生接受意志品质和思想道德规范等方面的教育。

同时,体育还具有群体性、国际性、礼仪性和竞技性等特点,不仅可以向人们传递某种价值观,还可以激发群众的爱国热情,增强民族凝聚力,教育人们积极健康发展。此外,人们在观看体育比赛和参与体育活动过程中也会受到社会的影响,接受社会教育。

5.政治功能

体育在政治中主要有两个作用:一是在国际比赛和交流中具有重要作用;二是在群众体育中具有重要作用。

国际比赛可以反映出一个国家的实力,从一个国家竞技体育水平的高低,可以看出一个国家政治、经济、文化等方面的发展情况。此外,体育还可以增进不同国家之间的文化交流,服务于外交,通过国际比赛连接不同国家,促进交流合作和友好往来。

6.经济功能

经济发展为国家发展提供物质保障,体育的发展也离不开经济的支持。一个国家的体育运动发展情况通常可以反映出这个国家的经济发展水平。经济发展促进体育发展,体育运动的发展又可以推动经济进步。如今,体育作为第三产业,在经济中的地位日益提升,与商品经济联系日益紧密。

体育运动主要从两个方面获得经济收益:一是大型运动会,通过售卖门票、印发纪念币、邮票、体育彩票等获得收益;二是日常体育活动,利用体育设施,组织热门体育项目比赛,开展娱乐体育活动,售卖体育服装、体育设施,同时组织旅游活动,体育咨询等来获得经济收益。

二、高校体育教学的基本认知

"作为高校主要课程之一的体育课,同其他学科一样面临着课程体系、教学模式的更新与改革。"体育在整个教育过程中具有不可替代性,体育是学校教育的重要组成部分,同时又具有体育的属性和功能,是促进学生全面发展的重要手段。高校体育属于教育学和体育学下的学科层次,所以体育和教育有相同的属性。一方面,学校教育的构成包括高校体育,因此二者的目标是相同的;另一方面,体育中也包含高校体育。

因此,体育的属性也应被高校体育展现得淋漓尽致,通过基本的身体运动和练习,强健体魄,加强人体机能,让大学生的身心得到更好发展。总的来说,通过基本的身体运动和练习,运用科学的培育方式提高大学生身体机能,让德、智、体、美在其心理和生物潜能不断开发的过程中得到发展,实现身体和心理的健康,这就是高校体育的目标,也是教学发展的总目标。

(一)高校体育教学的任务

"学生的体质是高校为社会培养人才的一个重要保证,作为高等教育的重要组成部分,高校体育的重要性日渐突出。"我国高校体育要实现的目标既要依照体育功能、大学生所处的年龄段，还要依照我国教育事业和现代社会的发展需要，其目标是让大学生具备健康体育的意识，提高体育技能，自觉坚持体育锻炼，增强自身体质，让大学生有正确的体育观念、良好的行为习惯和思想品格，全面发展德、智、体、美、劳，为发展社会主义事业打下良好的基础。以下这些任务可以帮助高校体育更好地实现目标。

第一，增强体质、增进健康，这是我国高校体育要完成的最重要任务。其既反映了体育具备的最本质功能，也符合当前我国大学生身心健康发展和社会主义建设的需要。大学生基本处在最具生命活力的青年期，应特别注重身心的健康发展，可以在这一时期督促大学生对体育运动的学习，使其养成良好的生活习惯，身体健康和心理健康两手抓，使其具备快速适应环境和参与各种活动的能力。

第二，坚持锻炼身体，学习体育健康知识并掌握相关技能。为保证大学生具备正确的体育意识，充分了解体育健康知识，激发大学生参与体育锻炼的热情，保证身体健康，就需要大学生不断学习有关体育和健康方面的知识，科学地参与运动锻炼，熟练掌握技术，并养成坚持锻炼身体的好习惯。这些可以很好地满足大学生以及当代人身体健康的需要。

第三，培养良好思想品德、意志，促进学生个性完善发展。育"体"和育"心"在高校体育中同样重要。体育本身具备的特征为高校体育提供了多种多样的形式，但要在筹备体育竞赛、开展运动训练活动、安排体育课程等过程中时刻关注学生思想和意志方面的学习，鼓励学生积极锻炼身体，早日投身于建设社会主义现代化中；培养大学生具备奋发图强、敢于拼搏、吃苦耐劳、团结友爱的优秀品格；鼓励大学生积极养成健康的行为，具备发现美、表达美、热爱美的能力，让大学生实现更高更好的追求。

第四，提高运动技术水平，为国家培养体育人才。高校在积极推动群众性体育活动的同时，也应着重培养一些具备专项运动才能、体育运动突出的大学生，科学合理地为他们安排训练，让大学生充分发挥体能和智能的长处。要始终遵循体育运动的规则，开展科学、系统的训练，让大学生的运动水平得到极大提高。这样不仅可以丰富大学生的课余生活，也有利于开展各类群众体育活动,还可以增加国家竞技运动人才的储备。

(二)高校体育教学的工作

1.体育课程教学

体育课程教学是高校体育中的重要组成部分,是实现我国高校体育目的与任务的主要途径之一。教育部把体育课改为体育与健康课,这为体育课教学工作的正常开展提供了强有力的法规保证。

通过开设体育与健康理论课、体育实践课和体育保健课,向学生传授体育基础理论知识,提高大学生对体育的认识,树立终身体育的观念;学习科学锻炼身体的方法;掌握锻炼身体的基本技术;提高大学生的体育文化素养和体育欣赏水平。

2.课外体育活动

课外体育活动作为大学生体育教育的重要组成部分,在高校体育教育中扮演着重要角色。课外体育活动能够增强大学生的体质,促进大学生的身体健康。大学生可根据自身身体状况及个人喜好并结合自身的职业发展需要选择适合自己的体育课外活动项目,制订科学合理的锻炼计划,从而促进身心健康发展。

(1)群众性体育竞赛。作为体育教育的另一重要形式,群众性体育竞赛一般包括校内和校外两种方式。前者通常是指校内举办的以班级、年级、院系等为单位的比赛项目,例如友谊赛、达标运动会等;后者通常是指派校队运动员代表学校参加的校外体育比赛。不管哪种方式都突出了群众性体育竞赛广泛性和多样性的特点。

(2)野外活动。在自然环境中开展的各种活动称为野外活动。例如,人们常见的水上运动、冰雪运动、空中运动等,这些从活动环境上来看都属于野外活动。各种各样的野外活动在陶冶大学生情操、提升大学生身体素质等方面起到了重要作用,这种作用是一般体育运动所不能替代的。目前野外活动在发达国家体育教育领域已非常流行,在我国也值得借鉴和引用。

第二节 高校体育教学的目标与过程

一、高校体育教学目标

高校体育教学目标能够帮助人们更好地了解与掌握体育教学目标,并为体育教学目标的设计提供科学依据。具体而言,体育教学目标的主要功能如下:

(1)定向功能。体育教学目标是对体育教学目的的反映,在体育教学的开展过程中,体育教学目标发挥着方向性的作用,即体育教学活动是在体育教学目标的指导下开展的。基于此,体育教师在开展体育教学活动时,必须以体育教学目标为指导。

(2)激励功能。就体育教师来说,当体育教学的目标确定之后,会激励其为实现这一目标而全身心地投入体育教学工作,并在工作中始终保持较高的热情,确保体育教学目标能够实现。就学生来说,当体育教学的目标确定之后,会激发其参与体育教学活动的兴趣和积极性,这对于体育教学取得良好的效果具有积极的意义。

(3)规范功能。体育教学相比于其他学科教学来说,要更为复杂。再加上新课程标准对体育教学提出的新要求,使得体育教学的难度进一步加大。在此影响下,一些体育教师在开展体育教学活动的过程中,很可能出现无法保证体育教学科学性的现象,继而导致体育教学无法取得理想的效果。要避免这种情况的发生,一个有效的举措便是让体育教师明确体育教学目标的规范作用,即要切实依据体育教学目标来选择教学内容、实施教学行为等,以确保体育教学的科学性和有效性。

(4)评价功能。所谓体育教学目标的评价功能,就是可以体育教学目标为标准来评价体育教学活动的效果。比如,足球课程教学的目标之一是让学生掌握足球运动的相关知识与技能,那么在评价足球教师是否完成了教学活动时,就需要考虑其所教授的学生是否掌握了相关的足球运动知识与技能。

二、高校体育教学过程

体育的教学过程是为实现体育教学目标而计划和实施的,是让学生掌握体育知识和体育技能,以及其他教育内容的过程,包括时间和空间两个维度。与其他学科教学不同,体育教学过程既要关注个体,又要兼顾整体;既要尊重学生的个人意识,又要关注教师的教学目标,只有做到全方面、多维度地探讨体育教学过程,体育教学过程理论才能真正指导体育教学实践。

总之,体育教学过程是一种系统运行过程,是师生共同参与,由确定目标、激发动机、理解内容、进行身体反复练习、反馈调控与评价等环节组成。

(一)体育教学过程的基本要素

1.教学主体

(1)教师。教师是教学的组织者与管理者,决定体育教学过程的实施方法,即教什么(教材)和怎么教(传播媒介),是教学计划的制订者,是教学环境的创设者,是各种教学关系的协调者,并通过了解、激励、教育、指导影响学生,是教学活动的关键因素,起主导作用。

教师作为教学系统内的重要因素,在要素结构中所占比例应大小适度。如果教师的比例过大,主导性过强,势必会限制学生独立自主学习能力的培养。教师在教学过程中具体应该占有多大的比例,应视其他构成因素情况而定。在教授新学内容时、教学内容有一定的危险时、教授低年级学生时,教师应该发挥主要作用,负有更大的责任。在复习课、提高课中,教师如果过多干涉学生的学习活动,则会影响学生个性的发展、创造力的提高以及独立解决问题能力的培养,甚至起到相反作用。另外,随着现代教育理念的迅速发展,教师在体育教学过程中的角色也开始出现变化,教师已经不再是传统意义上的知识拥有者、传授者,其角色已经转化为教学过程中的指导者、协作者、帮助者、建议者,甚至是学习者。

(2)学生。学生是教育的对象,教材的选择、教学方法的制定均指向学生。学生又是学习的主体,如果没有学生积极、主动、自律地学习,教学活动就无法开展,"促进学生体育学习"的体育教学目标也无法实现。学生只有积极配合教师的教学活动,充分利用各种教学条件,认真学习教材内容,才有可能达到最佳的学习效果。

2.传播媒介

传播媒介泛指教学过程中将教材内容传递至学生的各种方法、形式或工具,一般包含物质条件和方法手段两方面,具体包括讲解、示范、教具模型演示、电视技术、互联网技术、讨论、答疑、练习、游戏、比赛以及体育场地器材设施等,主要职能是传递信息。值得注意的是,教师在某种程度上也是传播媒介的一种形式,因而在教学过程的构成因素中具有双重身份。当代社会是一个开放式的、高信息量的社会,教师已不仅是传统意义上的知识拥有者、传播者,随着电视、互联网技术的普及发展,人际交往的进一步深化,学生获得知识的途径越来越多,单纯依靠教师获得信息的时代已经一去不复返。

3.体育教材

体育教材是在体育课中为实现教育目标而精选、组织的身体活动的内容体系,是学生学习过程中所要学习的对象,即学习过程中认识的客体。教材内容的选择应该内容丰富、情趣多样,教材的编排也应该新颖、具有吸引力,以改变体育教材滞后于我国社会发展的事实。

体育教材涉及内容、顺序和组合等多方面因素。教材内容涉及的是教什么的问题,教材顺序涉及先学什么后学什么的问题,教材组合则涉及在同一堂课中可以同时教什么的问题。由于我国疆域辽阔,地理状况、地区间的经济水平、学校物质条件等差异较大;另外,学生的兴趣爱好、技能水平、身体素质也存在较大的个体差异,因此教材内容、顺序、组合的选择应视地域、学生的实际情况而进行科学安排。体育教材在一定程度上决定了教师的教学思想、模式、方法,历年的课程改革总是以教材内容的改革为出发点。体育教师应该根据体育教材进行教学模式、教学方法的创新,以实现体育教育目标。

总之,坚持以教师的专业教学为指导、以学生认真学习为重点,充分利用体育教学工具和教材,才能让体育教学效果最大化。

4. 教学评估

根据系统论"整体大于部分之和"的观点,仅仅使各个要素达到最佳并不一定能够发挥整体的最佳功能,只有在追求各要素同步发展的同时,努力促进其协同配合,优化组合结构,在实现整体目标的前提下,充分发挥其个体功能,才能获得整体最佳功能,即"整体大于部分之和"。进一步而言,体育教学过程要达到其整体的最佳功能,并不是各个要素的个体功能简单相加,所以单纯地提高各个要素的个体功能并不一定能够收到良好的教学效果,只有在充分发挥其个体功能基础上,树立整体观念,努力促进各要素协同配合,优化组合结构,才可以实现体育教学过程的高效率、高效益,保证体育教学沿着科学化的方向发展。对此,学校及体育教师在教学过程中应严格按照相关规章制度教学,制定健全的、科学的、统一的、明确的评估体系,判断不同阶段各要素之间相互作用的发挥情况及取得的成果,以便及时调整教学计划和教学目标,进而实现体育教学过程整体效率的优化。

5. 教学环境

主观能动性是人们在实践中认识客观规律,并根据客观规律自觉改造世界,推动事物发展的能力和作用。体育教学过程中的主体始终是人,即施教者教师和受教者学生,充分发挥各自的主观能动性,教师以科学评估数据为依据,赞扬学生的成绩,鼓励成绩薄弱的学生,对于教师个人素养提升、学生掌握体育知识和技能有重要的现实意义。在这个过程中,存在一个不可忽略的环节,就是良好的教育环境对各要素作用发挥的影响。良好的教学环境不仅可以让教师的所学得以充分发挥,提升教学质量,而且能调动学生的积极性,发展学生的创造力。

(二)体育教学过程的设计原则

所谓体育教学过程的设计是用流程图的形式,简洁反映分析和设计阶段的结果,表达教学过程,直观地描述体育教学过程中教师、学生、学习内容、教学媒体等基本要素之间的关系,为体育教师提供一个有参考价值的教学设计方案。以下为高校体育教学过程的设计原则：

(1)发挥教师主导作用。作为人类文明和知识的传播者,教师是影响教学成果的关键环节。现代教学环境下,教师除了要做好课前准备,把体育知识讲清楚,更要打破传统体育教学模式的桎梏,培养授课创新思维,采用不同的方式引导学生自主学习、独立思考、敢于发现问题并解决问题,由最初的"授课"模式调整到更为适应现代科学技术迅猛发展需要的"解惑"模式。

(2)学生为学习主体。学生作为学习的主体,要更好地吸收教学成果,培养个人独立人格,必须在体育教学过程中以教师的引导作用为依托,主动学习、学会学习,把握甚至是创造更多的机会实践所学,并从与教师、学生的沟通中启发智慧,对此需要教师在体育教学过程中积极引导。

(3)媒体优化。在设想如何运用体育教学媒体时,需要考虑各种媒体的优化组合。传统教学过程中,过度依靠单一化的媒体方式会逐渐暴露出很大的局限性,如何使各种媒体的功能作用相辅相成,起到"1+1>2"的效果,以适应现代化教学进程,进而优化课堂质量,实现课堂的智能化、高效率,应当作为教学研究的重点。

(4)体现体育教学方法。体育教学方法是体育教师在教学过程中运用清晰、准确的语言,与学生交流信息,或以具体的动作示范,或将完整的知识要点或技能要点分解后进行讲解的方法,也包括学生在教师引导下,根据教学要点反复练习、主动学习的方法,只有兼顾两者的共同作用,并借助媒介辅助作用的体育教学方法,才能推动教学目标与成果的达成。

第三节 高校体育教学的方法及优化

一、高校体育教学方法的内涵与层次

(一)高校体育教学方法的内涵

所谓教学方法就是指为实现体育课程教学目标,由师生共同完成的一切教学活动和教学方式的总和。它是由一系列行为组成的一个操作系

统,具体包含教师和学生两个层面。我们可以从以下方面来对高校体育教学方法进行理解:

第一,高校体育教学方法是师生动作和行为的总和。体育教学方法的贯彻与实施需要师生之间的互动,互动又是通过语言、动作和行为来实现的,因此可以说体育教学是师生的语言、动作和行为的综合体。具体而言,学生要掌握体育运动的理论知识或者是某种运动技能,都必须经过体育教师的讲解、示范、纠正等动作的支持。在此基础之上,学生进行反复练习也是一种行为上的体现。

第二,高校体育教学方法和教学目标不可分割。所有的体育教学方法的应用都是带有一定目标性的,没有目标作为指导一切方法都将失去存在的意义。同样地,体育教学目标和任务必须通过教学方法作为中间媒介才能够得以实现。

第三,高校体育教学方法是"教"与"学"的统一。好的体育教学方法是教与学的统一体,也就是说教师和学生之间只有通过有效互动,形成一种沟通的桥梁,才能真正发挥出体育教学方法的作用和价值。我们可以从两个层面来理解体育教学内容和相关的体育教学活动:教师的"教"与学生的"学"。教师作为教授知识的主体,其选用的教学方法和手段都是以学生为对象的,学生对于知识和技能的掌握及其理解能力的提升是教学活动开展的重要契机;对于学生而言,他们只需要紧跟教师引导的步伐,积极参与学习和互动实践,与教师建立紧密的沟通和联系,以获得更大的进步。因此,只有将教与学切实贯穿于教学的整个过程,积极促进教师与学生之间的互动与交流,才能够真正实现体育教学任务和目标。

第四,高校体育教学方法的功能具有多样性。现代教育理念赋予了体育教学多样化和丰富化的功能。现代体育教学既关注运动技能的掌握、身体素质的提升,同时也更加强调学生素质的全面提升。

(二)高校体育教学方法的层次

(1)体育教学策略。在体育教学方法的各个层次中,教学策略处于"上位"。教学策略实际是教学方法的组合,是教师将多种手法和手段组合在一起进行教学的行为方式。体育教学策略的优劣主要体现在单元和课程的设计思路和方案的设计。例如,作为一种广义的教学方法,发现式教学法主要是模型演示法、提问法、讨论法、归纳法等传统意义上的教学手段的有机组合。

(2)体育教学方法。在体育教学方法的层次系统中,教学方法处于"中位",它与传统意义上的教学方法基本相同,是体育教师为达到一定的教学目标运用教学手法进行体育教学的行为与动作的总和。例如,提问法具体方法除检验学生对知识的掌握状况外,还可以激励学生积极参与课堂互动和对问题的思考。体育教学方法其实也是一门"技术",通常应用于某一教学步骤,而且会由于不同教师的教学风格不同而呈现出不同的特征。

(3)体育教学手段。在体育教学方法层次中,教学手段处于"下位",它是传统意义上的教学方法的一部分。我们可以将体育教学手段理解为一种"教学工具",也就是说在某一个具体的教学步骤中可能会采用各种教学手段来协助教学课程的顺利完成。

二、高校体育教学方法的类型划分

(一)传统体育教学方法

1. 传统体育教法

(1)语言教学法。所谓语言教学法,是指教师通过语言方式来描述体育知识、文化、动作要领、技术构成、教学安排等一系列活动要点的方法,学生通过对教师语言的理解,逐步掌握知识要点。

第一,讲解教学法。讲解教学法,是指教师通过讲解来展开教学活动内容。讲解法一般用于体育理论的教学,在运用时体育教师需要注意学生所处的认知能力和知识水平。如果讲解的深度和难度超出了学生认知能力的范围,让大部分学生感到难以理解,则说明教师阐释的方式或者选用的教学内容不适合学生。

第二,口头评价法。作为体育教学中的教学方法之一,口头评价是最为快速和直接的一种评价和提醒,它不拘泥于某个具体的时间点和地点,既可以在课堂中进行,也可以在一节课结束之后进行,是体育教师对学生

的学习和练习以及获得的学习效果进行的简要的、概括性的点评。口头评价可以按照评价的性质分为积极评价和消极评价两种

第三，口令法、指示法。口令、指示的语言凝练，短促有力，因此在体育教学实践中教师可以适当通过口令、指示给予学生一定的知识，这种方式尤其适用于体育教学中的动作教学。

（2）直观教学法。直观教学法是通过给予学生的视觉等感官以刺激来促使学生对体育知识产生深刻的了解。直观教学法的优势和特点是直接、生动、形象，因此产生的效果往往也更具有震撼力和持久性。体育教学中有以下最为常见的直观教学法：

第一，动作示范法。动作示范法，就是指在体育教学中，教师通过对教学内容的动作示范，来帮助学生熟悉动作的结构和动作的要领，同时对该技术动作有一个整体上的、比较形象化的了解。

第二，教具与模型演示。利用教具和模型等实际物体来辅助体育的教育教学，会使学生对于技术结构的理解更加简便和轻松。

第三，案例教学法。案例教学法就是在体育教学中用反面对比和类比等方法来举例子，让学生能够更好地理解所教授的内容。

第四，多媒体教学法。多媒体教学方法在现代体育教学中的使用越来越广泛，其与传统的板书教学最大的区别和优势在于：多媒体教学可以形象生动地将教学内容展示出来，通过动画和视频的演示、慢放和定格等操作，将每一个动作的每一个重点和细节都精准地定位、展示和分析，从而使学生对动作技术有更加快速、清晰、深刻的认识，这是传统的肢体示范和口头讲解都无法实现的。需要强调的一点是，多媒体教学法的运用需要多媒体教学设备等硬件条件的支持，也需要教师具备多媒体操作技能作为软件方面的支持。

（3）完整教学法。完整教学法在体育教学中有着较为广泛的应用，其主要应用于教学实践课，重点强调体育教学过程中要完整地、不间断地对整个技术动作过程进行展示，使学生从整体上产生对动作的整体概念和印象。完整教学法在体育教学中的应用有以下要点需要引起注意：

第一，完整展示要及时。也就是说在通过语言讲解之后，要尽快进入

整体展示的阶段,保持学生在认知上的连贯性,在语言讲解和整体展示的连续、双重作用下,促进学生对技术动作有一个正确的把握。

第二,前期的动作练习要适当降低难度。对于难度系数稍大的动作,教师可以先降低动作的难度和要求来引导学生完成完整的动作流程,然后逐渐增加难度,待学生比较熟悉动作流程之后再按照标准动作的要求来完成整个动作的学习和练习。

第三,要对动作的各个要素进行全面解析,而不是仅仅局限于将动作连续地展示给学生看。这里的动作要素主要包括动作的发力点、支撑点、用力的方向、大小以及所有影响动作标准的细节因素。

(4)分解教学法。分解教学法是与完整教学法相对的,更适合于高难度的运动项目。分解教学法的主要优势是分步教学,将原本很复杂的动作变得更容易理解和模仿,从根本上降低技术动作的难度。具体来说,分解教学法的应用需要注意以下方面:

第一,选择的技术动作的分解节点,不要破坏整个动作的连贯性。

第二,注意依次教学和加强衔接练习。对于分解后的各个部分要按照其先后顺序进行练习,之后还要将各个环节的衔接处结合到一起,并对此做专门的强化练习。

第三,将分解法和整体法结合运用,可以获得更好的教学效果。

(5)预防教学法。学生的体育学习和教师的体育教学一样,也是一个开放性的过程,因此其受到各种因素干扰的可能性较大。除此之外,学生的理解能力、认知水平、身体的协调性和体能素质等各方面的条件也存在较大的差异,在学习的过程中学生不可避免地会出现各种各样的错误,这就要求教师要注意观察学生的动作练习情况,总结出其中的规律,指出错误发生的根本性原因并予以纠正。预防教学法正是针对学生的错误认知、错误动作而提出的一种具有预防、阻断效果的教学方法。应用预防教学法有以下要求:

第一,体育教学中,在前期的讲解过程中要不断强化正确的认知,并对易于出错的地方予以强调,避免对动作的理解产生歧义和不正确的认知。

第二,教师在正式上课之前要对可能出现问题的地方进行预估,然后设计出一套比较完善和高效的解决方案,这样可以提高教学效率。

第三,可将口头评价的教学方法综合运用到实际的教学过程中,提示学生在关键之处不要犯错误。

(6)纠错教学法。所谓纠错教学法是指在实际教学过程中教师发现了学生在理论认识和动作练习上的错误之后及时纠正的一种教学方法。其中动作错误主要体现在对动作理解上的偏差而导致的错误,或者是由于不够熟练,达不到标准的技术动作,针对不同的情况教师要加以分析,采用不同的引导方式。纠错教学法有以下具体的应用要求:

第一,纠错时,要反复重申正确动作的要点,要使学生真正明白错误动作产生的原因,这样才能帮助他们及时改正,而且不会出现重犯的现象。

第二,必要的时候可以使用一定的外力帮助学生对技术动作形成正确的本体感觉。比起预防性措施,纠错具有较强的针对性,因此教师必须能精准分析错误源头,才能给出最为合理和有效的解决方案。

(7)游戏教学法。游戏教学法指教师通过游戏娱乐的方式促使学生对体育知识要点的掌握。该教学方法应用比较广泛,可用于各个学习时期,尤其适合低龄的学生。其最大的优势在于可以极大地调动学生的学习积极性。在进行游戏教学法的过程中需要注意以下方面:

第一,注意游戏的设计,其所涉及的行为方式、思维方式都应当与所教授的内容具有较高的相关性。

第二,游戏的设计和选择要注意学生的兴趣和偏好。应选择学生感兴趣的内容、方式。

第三,在游戏开始之前,教师要讲清楚游戏的规则和游戏的目标。注意游戏规则、目的的讲解。

第四,在开展游戏的时候,鼓励学生尽力而为,队友之间要形成良好的合作。

第五,在游戏过程中,教师要扮演好"警察"的角色,对于犯规的学生要给予一定的惩罚。

第六，游戏结束后，教师要问问学生的感受，同时对学生的表现给予中肯全面的评价。

第七，在整个游戏教学的过程中教师要提醒学生注意安全，提醒并禁止具有安全隐患的行为。

（8）竞赛教学法。竞赛教学法就是通过组织各种比赛来促进体育教学的一种方法。竞赛教学法可以提升学生的综合能力，是一种比较理想的训练方法和教学方法。具体来说，比赛可以增加学生运动技能的实践经历，使得那些高难度的动作和技战术不是纸上谈兵，同时还可以锻炼学生的团队协作能力，以及面对突发状况的心理调适能力和应对问题能力。竞赛教学法是体育教学当中具有特殊优势的一种教学方法，对于提升学生的心理素质、竞技水平以及他们的身体素质都有着不可取代的重要作用。关于竞赛教学法，其应用有如下注意事宜：

第一，具有明确的目标。一般是通过竞赛提升学生相关运动项目的技能水平，例如通过足球运动竞赛切实提高学生的足球运动水平。

第二，合理分组。各个对抗队的人员实力要处于相近的水平，这样才能通过激烈的竞争获得共同的提高。

第三，客观评价。教师要密切关注学生在竞赛过程中的表现，既要从整体上把握，又要看细节的处理，只有做到这一点才能给学生以最客观和中肯的评价，从而使学生能够清晰地意识到自身的优势和不足，促进他们获得进一步的提升。

第四，竞赛教学法的前提条件是学生对于运动项目有一定深度的理解，并且已经熟练掌握相关的技术动作，这样可以有效避免由于不熟练带来的运动伤害。

在这里，笔者只列举了一部分的体育教学方法，对于每一位体育教师而言，不能仅限于某一种教学方法，而是应当不断地尝试和学习新的教学方法，并结合教学的实际情况科学、灵活地选择和组合，这样才能显著提高体育教学的质量。

2.传统体育学法

（1）自主学习法。自主学习法是指学生主动发现、分析、探索，独立自主地进行体育学习的方法,但这并不意味着学生可以完全脱离教师的指导,而是要在教师一定的引导下开展自主性学习活动。体育教师指导学生进行自主性的体育学习,应当注意以下方面:

第一,难度要适当。由于是自主性学习,学习过程应以学生自己思考与探索为主,这对于学生来说并不是一件轻而易举的事,因此教师要注意根据学生的年龄阶段、认知特点,为学生选择难度适当的学习内容,保证具有一定的挑战性,但又不至于无法完成。

第二,明确学习目标。教师要为学生的自主学习制定一个清晰的学习目标。通过这个学习目标学生要清楚地知道自己要完成的任务是什么,通过自主学习学生需要解决哪些问题以及要达到什么样的水平。

第三,学生要参照学习目标,在学习过程中学会自我调控,一是对学习过程有一个整体的把握;二是要学会积累各种学习方法,并思考学习方法与运用场景之间的联系;三是要有创新思维,在对具体情境进行较为客观判断的基础上将已有的知识进行迁移和组合,从而创造出专属于自己的新策略。

第四,教师要对学生的自主学习给予适当的辅助与引导。学生的自主性学习并不是放任不管的无组织的学习,相反它是一种更有计划、有目标的学习过程,在这个过程当中教师要关注学生的学习进度,如果出现不妥当的情况,如学生的学习路径或思考方式与学习目标发生偏离就需要及时给予纠正。

(2)合作学习法。合作学习法就是指在学习的过程中强调合作的重要性,强调学生之间的相互帮助和配合,通过合理地划分工作任务和相应的责任,最终能够共同圆满地解决问题,达到教师所设定的学习目标,完成教师布置的学习任务。

第一,确立学习目标,通过该合作式学习预期要达成的效果是什么,要重点培养学生哪方面的能力。

第二,将全部的学生分成实力相当的小组,依据任务的特点,注意将不同性格、性别、特长的学生进行合理搭配,以促使学生之间的取长补短。

第三,确定小组研究课题,引导学生合理地进行组内分工,并探讨如何提高全组的整体学习效率。

第四,完成小组学习任务。

第五,各个小组之间进行学习和交流,分享各自的经验和心得,通过交流和分享,各个小组可以相互学习,发现自身的优势和不足。

第六,教师关注、监督和评价学生学习的过程,并帮助学生一起做好学习总结。

3.传统体育练法

(1)重复训练法。重复训练法就是通过不断重复进行某一个训练内容来提高身体素质和运动技能的一种体育学习方法。重复训练法的核心和本质就是通过重复性的动作使得某一固定的运动性条件反射不断地得到加强,使得身体产生一种固定的适应机制,进而使学生实现对技术动作的掌握。

重复训练法的类别划分。一般来说,重复训练法有两种分类方法:一种是按训练时间的长短;另一种是按照期间间歇方式。

(2)持续训练法。持续训练法就是无间断地、持续地进行某项身体练习的训练方法,其前提要求是要保持一定的负荷、强度和运动时间。

(3)循环训练法。当训练内容较多的时候可以采用循环训练法。其具体操作就是将这些训练的项目先按照一定的原则进行排序,依次完成之后回到最初的任务开始训练,不断重复所有的训练内容。循环训练涉及不同的训练内容,因此在一定程度上可以增强学生对体育学习的积极主动性。

(4)完整训练法。完整训练法就是指在整个训练过程中只完成某一个动作、某一套连贯动作或者某一个技术配合,其最显著的特征是整个训练过程流畅自然、一气呵成。完整训练法的应用注意要点如下:

第一,完整训练法比较适合单一技术训练。

第二,如果是针对复杂的技能训练,就需要学生具有良好的基本技能基础。

第三,在战术配合的完整训练中,教师要在战术的节奏、关键环节的把握等方面做适当的指导。

（5）分解训练法。分解训练与完整训练是相对而言的，是从训练内容的各个阶段和环节出发，对其中的每一个部分做精细化的研究和训练，并做到各个击破，最后达到整体掌握的目的。

（二）新型体育教学方法

1.娱乐教学法

增强学生体质是学校体育教学积极效应的重要方面，这一点似乎是毋庸置疑的，但是在现实的教学过程中仍然有相当一部分学生对体育课堂的学习不感兴趣，不能积极主动地参与到体育活动当中来。

因此，为了激发学生对体育课的兴趣，更好地焕发出体育运动本身具有的独特魅力，就必须改变过去单一的教学形式，积极采用娱乐教学法，重新编排和组织体育教学内容；在娱乐教学过程的设计上，体育教师也需要下功夫，积极探寻每一堂课教学内容当中的娱乐性成分和娱乐性元素，或者考虑如何将娱乐性元素如游戏、音乐、竞赛、趣味性道具的使用等穿插到体育教学过程当中。当然，该做法会给教师的工作带来一定的负担和压力，但可以充分展现出体育教学内容的丰富性和趣味性，只有当学生的学习兴趣提高了，学生的学习效率才会随之得到提高。需要注意的是，在该方法的使用中要避免走纯娱乐的极端，如果失去了对培养学生强健体魄和学习能力的本职任务的把握，那将是得不偿失的行为。

2.成功教学法

成功教学法就是按照学生的接受能力，将教学技术动作的精华部分提炼出来，适当降低其整体难度，鼓励学生凭借自己的意志力和理解能力顺利完成动作的学习。在该过程中，学生通过对技术动作的顺利完成体会到成功给自己带来的舒畅感和快乐感，这是任何外来的鼓励都无法比拟的，由此，学生对体育学习的信心大增，坚信自己可以学习好其他的体育运动技能。

调查发现，相当一部分学生是由于自己的体育运动表现不够好，与其他同学比起来差距较大，因此内心对体育课程的排斥心理越来越严重，而通过成功教学法可以重新燃起学生对体育学习的信心，培养他们坚忍不拔的意志品质，形成正确的学习动机，这对运动技能的提升是非常有益的。

3.逆向思维教学法

逆向思维教学法是指以与常规思维相反的思维方式来开展教学活动的一种教学方法,从常规的思维角度来说,教师一般都比较习惯按照技术动作自然发生的顺序来进行体育教学,但有时候按照反常的程序来教学反而可以取得更好的教学效果。例如在跳远教学中,可以先教起跳,然后教助跑和落地动作;标枪的学习,可以先教投掷动作,再教助跑,最后将各个部分组合到一起,做完整练习。此类教学有一个共同点就是把最难的部分放在最前面来学习,因为这部分动作的正确与否对运动项目的比赛成绩起决定性作用。

在体育教学实践中,教师会发现学生总是学不会一个看似很简单的动作技能,尤其是当这种问题呈现出普遍性特征时,教师就需要用逆向思维来看待这些问题,因为很有可能问题不在于学生的"学",而在于教师的"教",如教师及时地反思教学中是哪个环节出现问题。这种"反思"其实也是逆向思维教学法的一种体现。

4.探究教学法

探究教学法就是指教师着意引导学生在教学过程中发现问题、分析问题,最终提出可行性方案而解决问题的一种教学方法。通过该教学方法,学生在探索和分析的过程中不知不觉地掌握了相关的知识和技能,同时培养出高超的洞察力和知识迁移能力。探究教学法符合现代教育教学理论以及以学生为主体的教学理念,因此越来越受到体育教师的重视。在探究教学法的应用过程中要注意以下问题:

(1)目的要明确。教师要提前确认研究计划,确保体育教学目标的实现。探究的目标模糊或者实际教学与探究的目标相背离,会造成无效的教学,浪费师生的时间和精力。

(2)探究的内容和主题要与学生的运动水平以及他们的认知能力相一致。教学内容太简单,学生会感到没有激情和挑战性,继而产生无聊的感觉;内容难度设置过于高深,又会打击学生体育学习的自信心。因此教师要深刻理解这一点,引导学生做难度适中的探究性学习。

(3)对于一些难度偏大的探究性客体,学生通过努力仍然没有较为理想的思路的时候,教师要适度地予以启发和鼓励。

5.微格教学法

微格教学法指的是为了将枯燥的体育理论知识变得形象生动,更具有吸引力,而采用一定的信息化技术手段的教学方法,具体而言就是利用录像、音频等手段建造一种可操作可调控的体验系统,学生通过该体验系统进行体育理论的学习,可以对体育知识和动作技能产生清晰明了和感性深刻的认识,从而大大提高他们的体育运动技能。在体育教学中使用微格教学法的具体步骤如下:

(1)提前准备好课件。教师需要在课前对视频进行剪辑处理,并制作成教学课件以应用于体育教学,将信息化技术应用于体育教学可以使得教学内容更加丰富和形象,这对于调动学生的学习主动性具有积极的促进作用。

教师在讲解了基本的体育理论知识之后,将视频或音频课件向学生展示出来,通过这些感性化的视听材料,学生对体育知识和动作技能的理性认识会逐步加深,从而可以从根本上提升学生的体育运动技能。例如,在篮球技术的教学过程中,教师可以在上课之前搜集一些著名的篮球明星是如何完成这些技术动作或者战术配合的,然后将其剪辑成教学课件,学生通过这些视频,便于对技术动作的深刻理解,加上是有关自己敬仰的篮球明星的"示范",因此对于提高他们的信心和信任度都是极为有利的。

(2)以学生为主体安排教学内容。这里主要是指教学内容要考虑到学生的发展方向以及关注学生本身的兴趣所在。一方面微格教学在教学内容的选择上应当有针对性,要着重培养学生将来的专业或岗位所必需的素质和能力;另一方面教师也要注意学生的时代特征和个性化特征,尽量选择具有典型意义和在学生群体中普遍受欢迎的体育教学内容。与此同时,体育教师还要注意在体育教学过程中给学生留下一定的思考时间和空间,引导学生做进一步思考和探讨,让学生在和谐、温馨、互助的学习氛围中感受体育学习的乐趣和意义所在。

(3)在实际的教学实施中,可以将播放视频和让学生反复训练两种方式交替进行。具体流程如下:

第一，在进行教学示范时，教师可以通过高水平运动员的示范录像，方便学生形成技术动作的感性认识，以便于模仿训练。

第二，老师在采用微格教学法时，还可以结合多种体育教学方法，比如直观教学法和分解教学法相结合，可以强化学生对体育技能的理解和训练。

第三，老师安排学生进行训练，当完成一个阶段的训练之后，教师安排所有的学生分批进行演示，同时拍摄演示视频。

第四，师生一起观看学生的演示视频，针对各个小组和队员的动作技能演示情况，师生一起展开分析和讨论，然后教师要对学生训练的结果作出客观评价，指出学生训练过程中出现的错误动作并及时纠正。

微格教学法用于体育教学还有几个需要注意的细节问题：在教学过程中，体育教师可根据体育教学的实际情况选用慢镜头或者回放，以便学生能够看得更加清晰明了；通过演示视频，学生可以自行将其与标准动作做比较从而很容易就找出自己的问题所在；通过师生的评价以及教师的指导，学生可以在分析和比较中找出问题的原因及其解决办法。

（4）课程结束后，体育教师可以反复观看教学视频，对教学过程中的不足之处进行优化，同时通过微格分析处理也可以达到一定的优化效果。

6. 情景教学法

情境教学法是指在教学过程中，教师有目的地引入或创设具有一定情感的、形象化、具体化的场景，引起学生一种积极的反应，并吸引他们自觉投入，积极参与学习活动的一种教学方法。情境教学法的主要优势是，可以促进学生对教材的理解，促进学生健康的心理素质的形成；激发学生对体育学习的热情，从而主动、快速地接受教师教授的知识，同时学生的学习效果也会获得较大幅度的提升；情境教学法还可以使学生体验到体育学习带来的快乐和成就感，而且情境教学法多与多媒体教学法相结合，丰富多彩的多媒体画面可以提升学生的审美情趣、陶冶高尚的情操。体育教学中情境教学法可以采用以下策略以提升教学效果：

（1）充分利用游戏。爱玩是孩子的天性，因此在体育课堂中必须充分注意体育教学的娱乐性，在创设具体的教学情境时可以适当引入多样化的游戏内容,激发学生的学习兴趣,激励学生在体育学习和练习的过程中克服各种心理障碍,学生在挑战成功之后将会逐渐形成稳定健康的体育价值观,从真正意义上理解体育课和体育锻炼。

(2)教学情境创设与音乐相结合。人们常说音乐、体育和美术是一家,这主要是说它们都具有一定的艺术性,具有较高的美学内涵。情境教学就是体现体育教学艺术美的最好方式之一,同时我们也要注意将音乐等元素引入情境教学,发挥其实际作用。

(3)运用语言创设教学情境。在传统课堂,也有教学情境的创设,并且获得了不错的效果,这主要是因为课堂语言具有独特的魅力,体育教师可以通过生动的、丰富的、具有鲜明特色的语言表达方式和风格将教学内容故事化、情节化、夸张化,语言表达中的情境会给学生带来美好的学习体验。

因此在体育教学过程中,教师要记得语言也可以创造出有意思的、独具一格的教学情境。同时,体育教师也要注意转变固有的思想观念,不断创造出具有新意的情景教学模式,从而促进体育教学事业不断向前发展。

7.分层教学法

分层教学法是指在实际教学中,由于学生的学习基础以及认知能力处于不同的水平,故而设定了不同层次的教学目标和教学任务,以防止有的学生"吃不饱"而有的学生又学不会的现象出现,同时还可以大大提高整体教学水平。因此我们可以得知,分层教学法极具针对性,是一种非常有效和实用的新型教学模式,所以我们要对传统的一视同仁的教学模式进行改革,适时运用分层教学法,这样才能有效提高体育教学的整体水平,促进学生迅速、全面、健康发展。在体育教学中使用分层教学法需要注意以下方面:

(1)对教学对象进行分层。在分层教学法中,首要的任务就是将所有的教学对象进行科学合理的分层,要实现这一点,教师可以通过体能测试等办法来了解学生的综合体质,还可以通过问卷咨询、实际练习和竞赛的方式来测定学生的运动技能水平,只有对学生的情况都考察清楚并以此为依据才可以对学生实施分层教学。在分层教学的过程中也要注意观察学生学习的进度以及其对知识和技能的吸收情况,同时还要和学生保持沟通,倾听学生的心声,及时调整教学方案。当然也可以按照其他要素和标准来分层,比如学生的兴趣爱好等,只要运用得当,同样可以获得不错的教学效果。

(2)对教学目标进行分层。教学目标为体育教学提供了重要的指引作用,制定科学化的教学层次目标可以激发学生的学习动力,还可以有效提高学生的学习效率。如果教学目标设置难度过低,学生就会觉得毫无吸引力,感到枯燥无聊,注意力也无法集中;教学目标如果设置过高,学生就有可能无法跟上教学的节奏,最终也达不到预期的教学目标,严重的话还会打击学生体育学习的自信心。因此,体育教师一定要注意教学目标的科学分层,这样各个层次的学生都能够展现出比较理想的学习状态,促进他们在各自所处的层次尽自己最大的努力,最终实现共同进步。

(3)对教学内容进行分层。教学内容的合理分层对教学目标和教学任务的完成具有重要意义,也是有效提高教学质量的关键性因素。对教学内容的分层,主要体现在教师要根据学生的不同情况安排不同难度和种类的教学内容。教师需要根据学生的身体情况和自身技能接受能力进行合理设置,比如说对于身体素质较好的、运动技能水平较高的学生可以适当提高学习内容的难度,这样可以激发学生对知识的探索欲,以帮助他们达到更高层次的学习境界;对于基础较为薄弱,身体素质偏差的学生,可以安排一些较为简单的练习内容,主要目的是逐步提高其体能素质,同时还要使其保持学习的兴趣和信心。由此可见,通过安排分层式教学,可以促使每一位学生都获得相应的进步,从而提高整体教学效果。

8.对分课堂教学法

"对分课堂"是一种课堂教学的新模式,它是2013年由复旦大学心理学系张学新老师提出来的。"对分课堂"的核心思想是把一堂课的总时长一分为二,一半用于教师的讲解,另一半由学生自由讨论和自主探索学习。后面的一半时间强调的是学生的自主学习和相互交流,突出了讨论的重要性,这样可以发挥出学生的学习潜能和积极性,自主完成对知识和技能的深化理解。"对分课堂"的应用不仅可以降低教师教学负担,还可

以提高教学质量,改善教学效果。实施对分课堂教学法需要注意以下要点:

(1)对课堂时间的合理分配和利用。对分课堂的要点是将教师的讲授和学生的交互式学习分开,而且要保证在这两个阶段的中间安排一定的时间让学生将教师讲授的知识点和动作技能消化吸收。所以有人将对分课堂称为 PAD 课堂,这是因为其具有 PAD 界限清晰、相互分离却又相互联系的三个过程,即讲授、内化吸收和讨论。

(2)对学生进行合理分组。在划分讨论小组的时候教师要注意尽量使各个小组实力均衡,男女生比例要合理搭配。因此在分组之前体育教师对学生的基本情况要做一个详细的了解,既要保证各组实力相当,也要注意任务分配的均衡性,这样一方面体现各组之间的公平竞争,制造出一定的悬念,激发学生学习的动力和潜能;另一方面男女生的合理搭配,在完成任务的过程中还可以起到性别特性互补的作用,使体育课程更有意义,也能产生更好的学习效果。

(3)宣布任务之前要做好引导和启发工作。也就是说教师在布置一个具体任务之前要对任务的要求进行详细讲解,并启发学生学习讨论的思路,促使学生对学习任务有比较全面和深刻的理解。体育教师要让学生对整个学习的重点和难点有所了解,同时也要对本次课程的目标和内容有所把握,让学生在相互沟通、交换意见之前先想一想如何才能够更好地实现任务目标。

(4)给予学生平等的表现自我的机会,同时要注意让所有的学生都能够清楚地观察到他们的展示。通过随机抽查和预先制定的量化标准基本可以对分课堂的实际学习效果做客观公正的判定。主要环节设置合理,学生的表现遵循流程安排,一般可以获得比较理性的效果,但是不能排除会有个别小组偏离主题,因此教师要及时指出来,并给予合理化建议。教师还要注意引导全体学生分享其中的闪光点,让学生从别人的优秀表现中得到启发。

在对分课堂教学中,体育教师要提醒学生在开展讨论的过程中以主题内容和教学目标为中心,防止剑走偏锋、脱离主题而造成无谓的损耗。

也就是说,教师要主动承担"总导演"的角色,为学生提供适当的指引和指导,以提高学生的学习效率。

三、高校体育教学方法的体系构建

(一)教学方法体系构建的依据

在体育课程改革的过程中,"目标统领教材"是一个重要的指导思想,其要求是依据教学目标来选择体育教学内容。从广义上讲,教学内容涉及的不仅有教师所教授的知识和技能,同时也包括观念、思想、行为和习惯等与学习能力相关的种种要素。也就是说,学生的学习过程就是将教师所教授的内容内化为自我知识体系和心理体系的一个过程。这个过程不会自动发生,而是需要教师通过一定的教学方法才能够实现。按照体育新课标的具体要求,我们可以得知对于体育教学方法的选择要视学校的具体情况和学生的身心发展特点而定。

传统体育教学大纲对体育教学目标、内容和考核的标准等方面都有明确规定,依据学习内容性质的不同,可以分成 5 个主要的体育学习领域,也能通过与该领域目标的相互渗透和影响,形成"目标—内容"关系,即目标决定内容选择,内容选择促成目标。此外,新课标还将体育教学内容的学习水平分成 6 个等级,并且对每一级目标都有明确的定义,从而体现出体育教学的特殊性。

新课程标准 5 个领域和 6 个等级的确立,可以对学校体育教学方法的选择提供一定的理论指导,促进了"目标—内容—方法"教学体系的初步形成,在这样的一个体系指导下,不同地区、不同学校在选择体育教学内容和方法的时候就有了具体的参考和选择的空间。

(二)基于新课标的教学方法体系

新课改最大的特色就是使学生的学习方式发生了巨大变化。具体而言就是摒弃了过去那种纯粹的接受式的、被动式的学习方式,取而代之的是体现学生主体性的、主动式的、具有探索性、研究性的学习方式的建立。

要彻底实现这一转变,教师的努力起着举足轻重的作用。其主要体现在三个方面：①了解学生兴趣爱好、个性特征、学习能力等的具体情况；②充分考虑学生的年龄特征及其身体生长发育的规律；③为课堂师生的互动提供广阔的空间。

因此在实践中必须建立起一个新的、完善的教学方法体系以适应新课标的要求，新时期体育教学要遵循体育教学客观规律，结合具体教学内容，按照划分的 5 个领域和 6 个级别构建新的体育教学方法体系。也就是说在体育教学实践中，每堂课都是根据目标来确定内容的，其所包含的 5 个内容领域都有着各自不同水平的目标，体育教师依据各个领域的水平目标值来选择最具有科学性和合理性的体育教学方法。

四、高校体育教学方法的选择标准

目前，各个学校在开展体育教学时所采用的方法丰富多样，且各具特点。要想将教学方法的价值真正发挥出来，各个学校体育教师就一定要重视教学方法的选择。具体来说，学校体育教师为体育教学挑选方法的标准主要有以下方面：

(一)依据教学目标进行选择

根据教学目标、教学任务的不同，教学方法在选择上也会存在一定差异。具体来说，体育教师在基于体育教学目标选择体育教学方法时，需要注意如下事项：

(1)体育教师一定要基于体育教学的总目标来选择体育教学方法，以此来确保不管是每次课的教学目标还是总体教学目标都能实现。

(2)体育教师在选择教学方法时，一定要基于本次课的教学目标来选择合适的教学媒体以及方法。

(3)体育教师在选择教学方法时，一定要注意将教学目标进行细化，据此确保每一个小目标都能实现。例如，出于引导学生学会新技能的目标，体育教师应该多运用讲解、示范、分解、模仿等教学方法。

(4)学校体育教学在选择方法时不能只为一时的收益，而放弃长远利益。

(二)依据学生特点进行选择

体育教学所面临的群体主要是学生。如果没有学生，体育教学将会失去其存在的意义。具体来说,体育教师在选择体育教学方法时首先需要考虑的是,这一教学方法是否有益于促进学生体育学习,所以一定要基于学生群体的实际需求以及特点来选择教学方法。这要求体育教师既要关注学生的群体特点,又要关注学生的个体特点。具体来说,体育教师在基于教学对象即学生的特点来选择教学方法时,应该重点关注如下几点:

(1)就学生这一群体所具有的特点来说,体育教师一定要注意把控这一群体的共性,据此来选择体育教学方法。例如,低年级学生定性较差、爱玩,体育教师就可以在教学过程中多采用游戏这一方法进行教学;高年级学生的专注力更加持久,也有了思考能力,所以体育教师可采用探究、发现法教学,引导学生在自主探究以及解惑的过程中一步一步地培养起参与体育运动的习惯和意识。

(2)就学生这一群体的个体特点来说,体育教师应该关注学生个体差异,据此安排教学方法。

(三)依据教师条件进行选择

在体育教学活动中,体育教师不仅是组织者、指导者,还是安排者、选择者、实施者。因此,体育教师在选择教学方法时应该考虑自身的相关条件,具体要求如下:

(1)体育教师在选择体育教学方法时,应该注意考虑该方法是否适合自身。换句话说,体育教师应该考虑运用这一方法是否可以将自身的素质水平、知识结构、教学能力与经验发挥出来,保证教学的顺利进行。

(2)体育教师在选择体育教学方法时,应着重研究这一教学方法是否和教师的教学风格、性格特征契合。

(3)体育教师在选择体育教学方法时,应该与本次课的教学目的以及课堂控制进行结合。

总而言之,体育教师在为学校体育教学选择教学方法时,一定要注意基于自己的特点来选择教学方法,扬长避短,使教学方法更具有针对性。

(四)依据教育理念进行选择

在选择教学方法这一过程中,教学理念具有重要指导作用。具体来说,体育教师在为学校体育教学选择方法时,应在最新体育教学理念的指

导下进行,需要遵循如下几点:

(1)现代体育教学深受素质教育的影响,强调以实现学生身心健康全面发展为目标。对此,体育教师在为学校体育挑选教学方法时应坚持"以人为本",保障学生可以积极主动地参与到体育学习之中,同时有利于学生"终身体育"意识的形成。

(2)体育教师在选择体育教学方法时,应该坚持以学生为主,根据学生实际需求来选取教学方法,进而确保学生的积极主动性被充分激发出来。

(3)体育教师在选择体育教学方法时,应该注意对学生体育意识的培养,为其走出校门、走向社会后继续参与体育活动奠定扎实的知识与技能基础,保证其在未来发展中可以主动参与体育运动。

(五)依据教学内容进行选择

学校体育所涵盖的教学内容丰富多样,为了能够保障学生很好地掌握这些教学内容,教师需要据此来选择特定的教学方法,这样才能确保整个教学得以顺利进行,学生得以深入地掌握教学内容。在学校体育教育教学系统中主要有两个构成系统——教学内容、教学方法,二者、存在十分紧密的联系。因此,在选择教学方法时一定要重视对教学内容的考虑。操作要求具体如下:

(1)体育教师在选择体育教学方法时,一定要重视教学方法的实用性,即保证其可以切实可行地在体育教学中加以运用。例如,体育教师在教授技术动作时,应该运用主观示范法为学生讲解该技术动作。

(2)体育教师在选择体育教学方法时,应该注意基于教学内容的表现方式进行选择,以此保证学生以极大的热情尽快掌握该种教学技术。例如,图片展示这一方法具有直观性、便捷性,多媒体教学这一形式具有生动性、细致性,不同的方式具有不同的特点,学生可以根据实际内容选择适合的教学形式。

(六)依据教学环境与条件选择

体育教师在选择体育教学方法时一定要综合考虑整个教学活动牵涉的教学因素,尤其要重视对客观教学环境与条件的考虑。

具体来说,教学环境不仅包含场地、器材,还包含班级人数、课时数等。与此同时,外界社会文化环境的好与坏也会对教学环境产生十分重要的影响。体育教学条件包含体育教学的硬件条件、软件条件等。

在开展学校体育教学活动过程中,人的主观意志会对教学方法的选择产生十分显著的影响。体育教师在选择教学方法时,除了需要关注客观教学环境因素之外,还需要对某一种教学方法所需要的客观环境和条件加以充分考虑。

五、高校体育教学方法的优化与创新

(一)高校体育教学方法的优化

1. 转变高校体育的教学理念

当今社会信息技术发展迅猛,教学与网络技术的融合已经成为一个不可逆转的趋势。事实证明,在教学中,运用网络技术,可极大程度地保证整个教学取到良好的结果。为了能够将网络技术的作用发挥出来,体育教师需要及时对教学理念进行调整。对此,学校体育教师和相关工作人员一定要以开放的态度面对当下流行的新理念、新事物,以此来为现代体育教学手段在体育教学中的实际应用提供便利。体育教师要严格要求自己,提升专业素质,努力在实际教学中不断发现自我、完善自我,保证信息技术在体育教学中发挥出最大的作用。

2. 加强教学手段的创新意识

要想实现体育教学手段的创新,关键在于引导一线体育教师以及体育教学相关管理部门形成正确的思维和意识。以体育教师为例,倘若体育教师具有创新意识,那么他们不管在教学中还是在与学生日常接触中,都会时时刻刻关注培养学生对体育运动形成兴趣,并注意学生创新能力的提升。有关研究表明,体育教学手段要想实现现代化,离不开体育教师激发学生的创造欲望、满足学生的心理需要,以及体育教师高度的工作责任感。

3. 优化体育教学的硬件设施

学校配备足够的体育教学场地、设施、器材装备,可以很好地满足开展体育教学的实际需要,这同时也是发展体育教学的手段,实现教学现代化的基础。

4.充分利用体育教学软件

体育教师在开展体育教学过程中,要基于集计算机、投影仪、录像播放三者于一体的多媒体技术,将那些难度相对较高的动作技术制成电脑动画,以便学生可以多次地、慢速地、多方位地、动静结合地来观看整个技术动作的演示,如再配以一定文字对该类动作的关键部位进行解释说明,学生势必会对所学动作技术要领和动作结构有更加深刻和清晰的理解与认识,这样可确保学生对正确动作快速形成概念,极大程度地提升教学效率。

那些功能强大、全面、实操性较强的教学软件可极大程度地激发学生学习体育动作、体育理论的兴趣。这进一步说明教学软件的开发利用在学校体育教学中扮演着非常重要的角色。例如,在开展篮球体能训练时,倘若体育教师采用动画或者视频等动态形式对体能训练进行讲解,供学生反复进行观看,再辅之文字讲解,就可以直接对学生的感官神经产生一定刺激,使学生产生强烈的好奇心与兴趣。具体来说,大力开发体育教学软件,除了有益于进一步优化体育教学内容、教学模式之外,还能进一步拓展以及丰富学生对所学内容的领悟路径。

此外,出于进一步丰富和拓展体育教育资源的目的,各学校还应该搭建起网上教学资源库,以便学生借助校园网在教学资源库中获取自己所需以及自己感兴趣的知识,在线主动学习,这有利于为学生营造出一个更好适应、高度互动、个性化的智能教学环境。

(二)高校体育教学方法的创新

1.分阶段教学方法

(1)准备活动的方法创新。准备环节是学校体育教学的重要环节之一。好的准备活动可确保学生不管是身体机能还是心理机能都可以快速进入准备状态,极大程度地降低了运动损伤的发生概率,使整个运动过程得以顺利进行。因此,体育教师在创新体育教学方法的过程中,应该以准备活动为着手点,让学生得以放松身心,为后续教学的顺利进行提供保障。

具体来说,准备活动通常可分成两种形式——一般性准备和专项准备。在一般性准备活动中,可通过游戏的形式激发学生的参与热情,保证学生大脑的兴奋性得以提升。例如,可以采用以"贴人""报数"等为代表的过程简单、组织便捷且具有极强灵活性的游戏,引导学生的身心迅速处于准备状态。而在专项准备活动中,体育教师可基于教学内容适当引入一些与之相关的内容。例如,体育教师可在开展投掷类运动之前开展一个传球游戏,既可以让学生放松身心,激发起学生学习的热情;又可以让学生做好热身,避免运动损伤的发生,进而为后续教学的顺利进行做好铺垫。

(2)课堂教学的方法创新。体育教师将创新理念融入实际教学中,一方面可使整个课堂氛围更加生动活泼,使原本枯燥且单一的训练充满乐趣;另一方面又可将学生的学习热情尽可能地激发出来,使学生不仅可以深入理解相关理论,还能尽快掌握相关运动技能,促使整个教学取得理想的成效。

(3)结尾阶段的方法创新。结尾阶段方法的创新同样不应忽视。体育教师如果在开展学校体育教学过程中很好地对结尾阶段进行创新,会让学生产生一种意犹未尽的感觉,这无疑对学生运动习惯的养成、运动意识的形成具有十分重要的意义。

(4)游戏形式的方法创新。游戏法是学校体育教师创新体育教学方法的重要形式之一。这种方法相对其他类型的教学方法更具娱乐性,可提高学生学习热情,是当下较为理想的教学方法之一。例如,大学生不管是判断力、观察力还是想象力、反应能力都是极强的,游戏可以很好地将学生的智力展现出来。因此,体育教师在具体开展学校体育教学时一定要设计出一些更具趣味性、创新性的游戏,进而引导学生实现全面发展。

2. 组合创新教学方法

组合创新教学方法顺应了现代体育教学方法优化组合的发展趋势。所谓组合创新,主要是指体育教师基于合作学习法来进一步对教学方法进行完善和创新,使体育教学最终收获良好的教学效果。

第二章 高校校园体育文化的基础认识

第一节 高校校园体育文化的结构及内容

一、高校校园体育文化的结构

根据文化的结构,由表及里地进行分析。首先是"物质文化层"是指人们通过加工创造对自然的改造;其次是"制度文化层"是指人们在社会实践中形成各种规范;再次是"行为文化层"是指人们约定成俗的习惯;最后是"精神文化层"是指人们在长期的实践以及意识活动中各种价值观念等因素,其中"精神文化层"是文化最核心的部分。

在高校校园体育文化结构中,校园体育精神文化蕴含着文化主体的认知成分、情感成分、价值成分、理想成分,其中的体育观念、体育精神又是高校校园体育文化活动中最活跃的因素,决定着高校校园体育文化的行为表现效果,决定着高校校园体育文化传统的形成和文化走向,体现着文化主体的主观愿望和文化品位。因此,高校校园体育文化精神的培养、塑造和传承将是高校校园体育文化建设的核心和难点。

二、高校校园体育文化的内容

(一)高校校园体育精神文化的内容

校园体育精神文化形态是校园体育文化的灵魂所在。校园体育精神文化形态主要反映在体育的价值观念、体育的态度、道德风尚、知识等方面,涉及学生的理想追求、观念转变、道德修养、人格塑造、行为自律、纪律约束等各个方面。它一经形成,就成为校园的向心力和凝聚力,具有明确的指向性,影响和规范每个学生的思想和行动,决定他们的价值取向和思想品质的形成,并成为激励学生奋发向上的精神力量。它是师生员工在从事体育活动时从其所特有的生活方式中体现出来的思维活动和共同的心理状态,是师生员工在长期教学、学术、训练、健身、工作、生活等方面实践中逐步形成和发展起来的,并为师生自觉认同的群体意识。我们可以从校际间、院系间、班组间的比赛就可以明白一切。它以体育思想观念体系和价值体系表现出来,是一种氛围,一种软环境。

因此,强化和弘扬良好的体育精神文化是校园体育文化建设的核心和宗旨。

(二)高校校园体育制度文化的内容

校园体育制度文化是指在体育教学、娱乐、竞赛等活动中要求学生共同遵守的规程、行动准则等文化体系,它是在体育教学实践中形成和发展起来的,并通过条文固定下来的。它具有高度的科学性、权威性、概括性和规范性等基本特征。它是衡量教学质量、运动水平的主要标志。它能引导学生在约定的规则下进行体育比赛和竞争较量,有利于培养学生遵章守纪的行为习惯,加强道德培养。

高校校园体育制度文化具体包括以下内容:

一是高校校园体育组织机构。校园体育组织机构是管理、组织、运行校园体育文化活动的高校行政单位,它是监督、执行高校相关体育规章制度的机构,具有教育、管理职能。

二是大学体育制度法规文件,包括体育教学、课余体育活动、运动训练与竞赛、体育科研、体育社团、体育交流、体育师资等全方位制度、方法的确立。它既有国家层面的政策性文件,又有高校层面的体育规章制度。

三是高校校园体育传统。体育传统是高校在体育方面逐渐形成并带有普遍性、重复出现、相对稳定的蕴含高校文化精神、独具特色的体育文化形态,它具有教育、导向、规范和激励的作用。各个高校的类型、规模、办学条件、师生结构、地理环境等的差异决定了体育传统的创新和个性特征。

四是高校校园体育风俗习惯。这种风俗习惯在高校校园中是一种隐形的规则,这种规则并不是由管理者制定的,也没有强制的约束力,而是由体育文化受众自己建立的,用来协调互相之间的关系和利益。大学体育风俗习惯具有高校特点和群体特色,它是某一群体的某种体育行为约定俗成的经验或规则。

校园内体育文化受众的行为被大学体育制度比较严格的规范着,有利于校园整体体育行为的稳定。因此,大学体育制度犹如一个模具,它引导和规范着大学体育主体的体育行为,对高校校园体育文化的真正形成起着决定性的作用。

(三)高校校园体育行为文化的内容

校园体育行为文化形态是校园体育文化的活动表现,主要体现为体育习惯、体育风气、体育传统、体育方式、体育活动质量和体育流向,以及校园体育在高校各项活动中的地位等。学生在行为文化下建立良好的师生关系和同学关系,相互尊重人格,团结友爱,积极向上,不歧视,不训斥,培养一个良好的体育集体,创造一个良好的人际氛围。

首先,大学体育是大学生的必修课程,是大学生校园体育的最重要内容之一。大学生在大学本科期间必修 4 个学期的体育课,体育课程内容、上课时间在各个大学有所不同。当前大部分大学的体育必修课程安排在大学一二年级,部分大学采取学分制管理办法,在大学四年任选 4 学期体育课程。在规定选课时间内,大部分大学实行"三自主"体育选课模式,即学生可以在规定资源内任选上课内容、上课时间和任课教师。除了体育必修课外,各大学均为大学生安排了健身性、娱乐休闲性更强的体育选修课,选修课教学内容、考核方法等与体育必修课均有较大区别。

其次,校内外体育竞赛、课余运动训练、高校大型体育文化活动为广大师生提供了表现自己、展现个性、表演运动技能的舞台。它具体包括校内学生篮球、足球、排球联赛,乒乓球、羽毛球、健美操等锦标赛,全校学生、教职工运动会,体育文化节、体育社团体育竞赛、高校之间的体育友谊赛等。

再次,大学体育社团建设情况能够反映出高校校园体育行为文化水平。体育社团文化建设的好坏直接影响到教师、员工,尤其是学生体育综合素质的培养和提高。体育社团文化建设的多样性与丰富性能极大地调动引导师生员工体育运动的积极性。丰富多彩的体育社团活动,种类齐全的体育社团类别,浓厚的体育社团文化氛围,都在直接与间接地影响着校园每个个体的体育思想意识、体育行为举止、体育运动中的交际与沟通能力、组织管理与协调能力、团结与合作能力等。各个大学体育社团的管理规范性、多样性差异较大,体育社团数量一般在 10～35 个之间。

最后,高校校园体育行为文化还包括大学生的个体健身活动。大学生个体健身活动具有自发性、自觉性,它能够有效地培养大学生的体育健身意识,有利于大学生体育健身习惯的养成。但是由于缺乏组织、管理和指导,如果引导不当,大学生不良的体育行为文化会导致大学生体育行为的异化。例如运动场上的突发事件、比赛场上的暴力冲突、体育课堂中学生之间的敌视等不文明行为。触发这些行为的原因不一,学习压力、感情的变故、竞争压力等都会成为行为异化的原因。这些行为具有一定的突发性,很多在发生前没有任何的先兆。当前体育行为文化建设的重点之一就是去竭力预防和制止这类行为的发生。

(四)高校校园体育物质文化的内容

高校校园体育的物质文化层面包含校园里的体育建筑、雕塑、场地、器材等,是校园体育意识文化的载体,也是学生进行体育锻炼不可缺少的物质基础和校园体育文化建设的前提条件。如果没有相应的文化设施,在一定程度上校园体育文化建设就将成为"巧妇难为无米之炊"。因此,必须加强校园体育物质文化建设。

高校校园体育物质文化包括以下几个方面:一是高校校园体育标志。通常指大学体育标志性建筑物、大学体育吉祥物、标准色、大学体育运动服饰、大学体育图标。有着悠久文化的高校校园通常都有承载高校历史与使命,体现大学文化精神的体育标志,并希望以此激励高校的持续发展。二是校园体育环境,包括自然环境、体育建筑风格、体育建筑布局、体育建筑雕塑等。校园体育环境的建设渗透着高校的人文气质和体育传统。三是校园体育场馆和器材设备,这是高校校园体育文化发展的基础和保障。高校校园体育活动的开展包括体育教学、群众体育与校内体育竞赛、运动训练与竞赛、大型体育文化活动等均离不开高校基础体育物质设施的支持。这些物质设施包括体育馆、体育场、体育器材、体育比赛器械等。校园体育运动项目很多,每一个运动项目均有各自所需的体育场地和体育器材,高校在校园体育物质设施的建设、购买、维护、更新方面的投入占到大学体育经费的最大比例。

第二节 高校校园体育文化的特征

一、校园性特征

校园体育文化是一种亚文化,它区别于其他文化的最主要表现是校园的特殊性。具有校园性才是校园体育文化特殊性的核心所在,它对于社会文化和其他校园文化是相对独立的,不同的校园会产生不同的体育文化。另外,它又是多元性的,可以分为校园体育物质文化、精神文化以及校园体育行为构成的制度文化等。校园体育文化又是弥散性的,它可以通过体育运动形成,使它所包括的内容广泛地播撒到校园的每一个角落、每一个人当中,形成一种特有的校园体育文化现象。

二、教育性特征

校园体育文化是在校园这一特定环境中的体育文化现象,始终与该环境中的生活成员发生密切联系,参与校园体育文化活动的人是受教育的主体,相对而言,校园体育文化作为客体存在,它随时都发挥着显性或隐性的作用。这是校园体育文化的本质所在,也是高校体育之所以成为教育组成部分的根本原因。

三、实践性特征

校园体育文化是校园和体育文化的结合,它应当表现体育的本质特征即实践性特征。此外,学生时期是人生"好动"的阶段,亲身体验的欲望强烈。在校园体育活动中,学生有目的、有组织地为自己创造条件,开展各种喜闻乐见的体育活动,在实践中体验体育的乐趣、价值,培养良好的体育道德和精神。同时,校园体育文化活动又具有一定的社会性,使学生在体育活动中增长社会知识和交往能力,这种实践性为学生的理论与实践之间建立起一座桥梁,使理论和实践有机地结合,达到全面发展的目的。

四、创造性特征

创造是校园体育文化的灵魂,没有创造便没有校园体育文化的生长和发展。高校是知识分子相对集中的地方,传播媒介比较完备,文化层次普通较高,他们对社会体育文化的发展和走向表现出明显的重视,并创造出许多形式多样、内容丰富的校园体育文化活动内容。师生在创造多姿多彩的校园体育文化活动中,不仅丰富了校园体育文化内涵,提高了体育文化意识,而且也为师生员工的创造性思维活动提供了广阔的空间。除此之外,校园体育文化还具有健身性、娱乐性、群体性和开放性等特性。

五、时代性特征

文化是时代的文化,不同时代有不同的文化。校园体育文化也不例外,它与所处时代的政治、经济及文化的发展密切联系。新时代的校园体育文化总是对前一时代文化的继承、批判和超越。也正是因为有这一特性,不同时代才会产生不同的校园体育文化。

六、动态性特征

高校校园体育文化参与的主体是大学生。大学生天生好动,他们不习惯长期静坐和默读。一般而言,校园的课堂教学活动是一种静态性的教育形式,长时间的"三点一线"式的学习生活,往往使多数好动的学生感到枯燥无味。因此,大学生在学习之余所钟情的休闲娱乐方式往往是体育文化活动,这既能调剂学生的学习生活,又能获取各种体育知识和综合才能。在紧张学习的闲暇,在复习迎考的间隙,由班级或学生团体组织一场小型的足球、网球比赛等,这样既能调节学习生活、和谐心境、陶冶情操,又能使大学生得到积极性的休息。特别是在节假日到来的时候,如果进行以上的活动,就能使宁静的校园一时又"动"了起来,这就是高校校园体育文化的动态性特征。

七、导向性特征

高等教育的目标是培养德、智、体全面发展,有理想、有道德、有文化、守纪律,适应社会发展的高层次人才,这就决定了高校校园体育文化活动必须服从和服务于这个目标。因此,大学体育必须按高等教育培养合格人才的需要去建设校园体育文化,提倡科学的、健康的、文明的、高品位的体育文化活动;引导学生从自身的特点出发,大胆地开展校园体育文化活动,让他们有自我表现、自我教育、自我管理、自我提高的组织、环境、场所和体验;同时,激发大学生在体育文化活动中不断提高人文素质修养,科学地进行体育健身,树立正确的人生观、道德观、体育观,弘扬爱国主义精神,使高校校园体育文化朝着健康、文明、正确的轨道发展。

八、娱乐性特征

娱乐性特征是高校校园体育文化的一个基本鲜明的特征。一般说来,高校校园体育着重于人的身心需要和情感愿望的满足,不以高超复杂的技艺,深邃的体育哲理和深厚的体育文化素养诸条件要求参与者,而是以普遍的、自娱自乐的、消遣性的、游戏性的活动方式迎合参与对象,使他们可以在这些活动中得到直接的令人愉悦的主体情感体验。高校校园体育文化活动项目广泛而丰富多彩,有竞技、表演、休闲等项目,所有这些活动普遍带有浓厚的娱乐色彩。高校校园体育精神文化的最大魅力就在于情感体验和精神脉冲,也就是我们所说的娱乐,不同的体育项目给人的情感体验不同。大学生参与的体育活动,形式多样、参与人员可多可少、场地可大可小、时间可长可短、规则可松可紧,可以根据不同人群,不同性别的不同需要来选择相应的运动项目和运动形式。体育运动总是处于一种未定结果,需要不断努力,把握时机的过程中,正是结果的不可预测性给人带来无限的刺激,产生复杂的情绪体验和感受,吸引大学生广泛参与。游戏性增加、娱乐性增强,容易达到娱乐身心,消除疲劳,扩大交往,促进友谊的目的,可以满足青年大学生的休闲娱乐需求并令其身心得到健康发展。其娱乐性的特征使高校校园体育文化自然而然地产生了巨大的吸引力,吸引广大师生的积极参与,无论在空间的广阔性、还是在时间的持久性上,体育文化的价值是其他校园文化难以企及的。

九、复杂性特征

高校校园体育文化的复杂性主要表现在其内容方面。它的四个层次内容包括高校校园体育物质文化、高校校园体育精神文化、高校校园体育制度文化和高校校园体育行为文化。具体内容涉及体育观念、体育精神、体育道德、体育风尚、体育知识、体育制度、体育规范、体育场馆设施、体育雕塑、体育服饰、体育图书音像、体育标志、体育宣传等广泛而又复杂的各方面,以及由这些方面所带来的学生体质的增强、精神的焕发、气质形象的改变、技能的提高、心理的健康等多种无形的效果反映。另外,高校校园体育文化的复杂性还表现在其内部关系的冲突及其协调上。体育课内文化与体育课外文化,体育教学文化与体育群体文化和体育训练文化,大学竞技体育文化与大学业余体育活动文化等,常常会产生不同程度的摩擦与冲突。在高校校园体育文化与外部文化的冲突与矛盾中,最为突出的是:大学专业教育文化与校园体育文化的冲突,竞技体育文化以正统文化自居,而造成对校园体育文化正常发展的严重障碍,这也正是目前高等教育向素质教育转轨,提高大学生人文素质水平的难点所在。

十、渗透性特征

高校校园体育文化的渗透性,是指高校校园体育精神能够发生辐射,渗透到大学生学习、生活、娱乐休闲等各项活动之中,渗透到大学生体育价值观念的形成过程中。我们在体育运动中始终贯穿着竞争和拼搏的精神,这种精神和意识是我们非常重要的职业素养。因此我们应该积极利用体育精神来影响和引导在校大学生和高校校园体育文化的发展。大学竞技体育文化是以"竞技"为手段,以不断超越大学生生理和心理极限为内涵的一种较为独特的文化现象,它成为凝聚大学精神、展现身体魅力的重要载体。它不仅承载着社会责任感,而且还承担着社会关切和唤醒、凝聚、团结大众的重任与个性化的追求功能。竞技体育文化在精神、行为文化中发挥着其他文化现象所不可替代的作用,它必然对大学生的体育价值观念产生重要的影响。另外,大学体育对社区体育和家庭体育的渗透作用也日益凸显。许多社会体育方面的专家和学者都不约而同地认为,社区体育要以社区附近的高校为中心来开展,充分利用高校的场地器材和体育运动文化氛围。首先,大学在城市中的地理分布基本位于较大的社区中心,是开展社区体育的理想场所。其次,高校校园中有受过专门训练的体育教师,他们可以在业余时间作为兼职体育指导员来为社区体育服务。再次,高校校园具有较强的开放性,能够接纳社区居民的体育运动要求,再加上大学体育本身所具有的强大的文化影响力,进而通过不同的方式渗透到校外的社会生活中,从而实现了大学体育文化对社区体育和社会文化的辐射作用,进而改变了社会体育现状。

十一、交叉性特征

当代高校校园文化与体育文化的分野或独立,并没有使得它们放弃历史所遗留下来的两种文化并存与共有的领地——高校校园体育文化。现代高校校园体育文化通过对高校校园文化与体育文化的选择与重构,使得它有可能在不断构建自身的同时,映射出高校校园文化与体育文化的完美结合、水乳交融的理性光芒。因此说,高校校园体育文化是高校校园文化与体育文化有机结合的产物,是一个连结校园文化与体育文化的功能融合环。

十二、时尚性特征

高校校园体育文化的主体是当代大学生,而大学生是领导社会潮流的特殊群体。在社会进入 21 世纪的今天,体育成为社会人际交往、生活质量提高的重要方式,因此体育在高校校园中也成为时尚。参与健身、参与体育文化活动成为大学生休闲娱乐活动中的主体。大学生作为具有较高知识水平的群体,不仅能够接受传统的体育精神产品和物质产品,而且还能够吸收传统体育文化的精髓,创造并形成自己独特的体育文化生活。篮球、排球、足球、乒乓球、羽毛球、太极拳、游泳、健美操等健身活动开展得如火如荼,新兴的体育项目如网球、棒球、秧歌舞、拓展训练等也悄然在高校校园中兴起,并以其新颖性、刺激性、挑战性而普遍受到欢迎。传统体育项目和新兴体育项目大大丰富了高校校园体育文化,为高校校园体育文化注入了新的生机与活力。

十三、内隐性特征

校园体育文化是以间接、内隐的方式呈现的,是通过无意的、非特定心理反应机制来影响学生的。大学生在体育文化环境中学习、生活,在不知不觉中接受体育文化信息,并受到感染、熏陶,潜移默化地实现着文化的心理积淀,并逐渐转化成为自己的行为方式。

十四、独立性特征

校园体育文化是校园里的人群共同参与体育活动所形成的一种文化,它有着特殊的主体和环境。这个主体具有较高的知识水平,在接受传统体育文化精神和物质的同时,还能主动吸取世界优秀体育文化精髓,并逐步创造发展具有特色的校园体育文化。

十五、多样性特征

校园文化的优势注定了校园体育文化的多样性,无论是体育意识文化、体育行为文化,还是体育物质文化都极为丰富多彩。以人为本,注重学生个性培养的体育教育指导思想,使个性鲜明的体育文化主体得以充分展示个体的创造性,显示其独立性和自主性,因而极大地丰富了校园体育文化生活的内容。

第三节　高校校园体育文化的功能

一、健身功能

世界卫生组织指出:"健康不仅是免于疾病和衰弱,而是保持身体上、精神上和社会适应方面的完善状态。"这一概念改变了以往健康仅指无生理功能异常、免于疾病的单一概念,阐明人的健康应包括身体、精神和社会三个方面。而高校校园体育文化之所以能增进人的健康,具有健身功能,这是因为高校校园体育文化是通过多种形式体现出来的,而体育活动是高校校园体育文化的主要形式,它在促进师生员工身心健康方面起着重要的作用。首先,通过体育活动能改善和提高中枢神经系统的功能,使人头脑清醒,思维敏捷;其次,通过体育运动能改善人体内脏器官的功能,塑造健美体形,从而提高人的劳动效能和运动能力;最后,通过体育活动能使人朝气蓬勃、充满活力、生活愉快、精神健康,消除意志消沉和情绪沮丧等不良情绪和心理状态,使人性格豁达,从而提高了适应自然环境和社会环境的能力,提高对疾病的抵抗能力。所以,良好的高校校园体育文化能有效促进师生员工身心的健康发展。

二、教育功能

校园体育文化的教育功能主要表现在它的潜移默化、耳濡目染、暗示性和渗透性。这种教育形式不同于教师教、学生学的单向教学为主的课堂教育,它是在具体可感的体育活动中,通过统一的规则、规范的行为、严密的组织和一些约定俗成的规定,使参与者和观赏者自觉或不自觉地接受校园体育文化的教育,并逐步内化为行为、习惯、意识的教育过程。另外,校园体育文化教育能消除某些正面教育所引起的逆反心理,收到有些正面教育所不能收到的效果。总之,校园体育文化所产生的效应,无疑会使高校成员自觉地将自己与高校融为一体,形成强烈的责任感和使命感,产生激励、进取、令人振奋、催人向上的教育力量。

三、娱乐功能

高等教育不仅要重视"教化"功能,而且要重视"教诲与娱乐",使师生在紧张的工作学习之余,脑力、体力、心理得到放松与调适,才能适应和胜任繁重的学习和工作任务。校园体育文化在这方面起到了不可替代的作用。丰富的校园体育文化内容,不管是竞技运动项目还是休闲运动项目,不管是高水平比赛还是大众水平的练习,普遍都带有浓厚的娱乐色彩,这正迎合了大学师生的生理、心理特点和文化需求。在这些活动中,使师生暂时忘掉了工作和学习的烦恼,使焦虑和紧张等心理压力得到很好的缓解和释放,进而获得精神愉悦与自由,保持乐观情绪,而且还能通过这些体育文化活动达到陶冶情操、净化心灵、享受生活乐趣的目的,有利于人们的身心得以和谐、健康的发展。

四、创造功能

体育的全部意义就在于人体的自我创造,自我发挥,创造德、智、体、美、劳全面发展的一代新人。高校校园既是体育历史文化的"储藏室""中继站",又是实现体育文化的"加工厂""交易所"。体育教学、训练、科研和管理的各种新观点、新学说、新技术、新方法不断在这里孕育产生、创造和发展,同时又在这里传授交流、推广或转让。这种既相互冲突、排斥,又相互渗透、融合的形式,不仅是校园体育文化产生、嬗变、发展的一般规律,而且也是创造灿烂光辉、多彩多姿的校园体育文化的基本途径。

五、审美功能

当代大学生推崇和追求的是现代社会快节奏的生活方式和高层次的美感享受，他们对美的追求有着更新、更全面的内容要求。校园内各种格调高雅的体育场馆及内容丰富、形式多样的体育文化活动，正满足着他们的审美需要。尤其是目前在高校校园内普遍开展的健美操等活动，深深地吸引着广大师生。通过自身努力而获得的美的感受，会激起他们创造美好环境的热情和行动，同时也会对美的理解产生更深刻、更丰富的联想。

六、导向功能

高校校园体育文化是高校师生员工体育价值取向的向导，高校校园体育文化建设应体现国家和广大师生利益的一致性。高校校园体育文化的内容和形式，以及所构成的文化氛围，深刻影响学生的体育思想行为和体育生活方式。它是一种客观的、实际的环境力量，起着制约和规范人们体育行为的作用。所以，一旦形成人们的意识，就会变成一股巨大的导向力量。尤其对高校校园的青年学生来讲，他们的人生观、世界观、价值观和审美观都还处于逐步成熟阶段，特别需要正确的引导。高校校园体育文化的导向作用，主要是通过两个渠道来实现的：一是国家和高校的体育发展战略、路线、方针、政策，以及由此而产生的社会价值导向对大学师生的指导作用。大学社会化程度随着时代的发展愈加深化，因此体育文化离不开国家体育、教育的大环境。二是通过高校校园体育文化本身蕴含的世界观、价值观、道德观等对大学师生潜移默化的文化影响和导向。总之，高校校园各种各样的体育文化活动、校园体育气氛、教师言行等都在无声无息地引导着学生的价值取向，对学生的体育认识的形成发挥着巨大的同化和导向作用，校园体育文化建设就是要在育人过程中建立起具有正确导向的机制。

七、凝聚功能

高校校园体育文化的凝聚功能主要体现在高校校园体育精神文化上。高校校园体育文化建设的一个重要目标,就是形成一种内求团结、活跃校园氛围,外求发展、提高大学声望的精神风貌。良好的校园体育文化环境使人身居校园,处处感到高校校园独有的魅力和生机。同学之间、师生之间,师生员工与大学之间,通过体育传统和文化氛围建立强烈的责任心和荣誉感,进而激发一种使人感到心情舒畅、令人振奋、催人上进的力量。将来走出校园,学生会时刻怀念、感受到高校的体育在他们成长、生活中所带来的快乐、健康和力量,进而会在一生中发扬在大学中形成的体育观念和生活方式。这种回忆会让他们为维护母校的声誉,为母校争光而努力奋斗。总之,优秀的校园体育文化具有催人奋进的凝聚力和激励作用,能激发全体师生员工对高校的认同感、自豪感和荣誉感,能激发广大师生员工的工作热情和学习热情,进而使高校的凝聚力得到拓展和升华。

八、激励功能

高校校园体育文化的激励功能旨在强调理解、尊重和爱护校园人,强化校园人的工作、学习动机,调动校园人的积极性、主动性和创造性,并反对把运动员或校园体育积极分子看成"运动机器",或以"成败论英雄"。校园体育文化之所以能够在校园人中间树立起和培养共同的体育目标、价值、理想、信念,关键是它能够增强校园人的事业心和责任感,使他们保持高昂的情绪和进取精神,从而乐而不疲地为高校体育而奋斗。

需要唤起动机,动机引起行为,行为指向目标。激励问题也是一个不断满足需要的问题。校园体育文化将校园人置身于一个良好的心理氛围与和谐的人际关系环境之中,使他们获得精神上的需求与满足,同时也为校园人设置了体育文化享受与创造的空间,提供了体育文化活动的背景与使用体育场馆、设施、器材的机会,使校园人的体育活动兴趣得以满足,

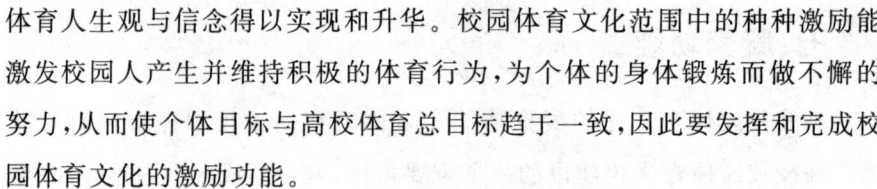

体育人生观与信念得以实现和升华。校园体育文化范围中的种种激励能激发校园人产生并维持积极的体育行为,为个体的身体锻炼而做不懈的努力,从而使个体目标与高校体育总目标趋于一致,因此要发挥和完成校园体育文化的激励功能。

九、沟通功能

大学是一个相对独立的文化群体。由于传统的教学方式,学生与教师之间、教师与教师之间,教师、学生与管理人员之间,以及专业之间、年级之间、高校之间、区域之间等存在着明显的差异和弊端。由于现代计算机和网络技术的发展,给高等教育带来实惠的同时,也使这种方法所造成的弊端显得越来越突出,高校校园体育文化活动则成为解决这一问题的"润滑剂",它可以通过丰富多彩的体育活动,扩展校园内各层面群体间交往的空间,增加情感沟通的渠道,加强相互接触的机会,打开许多封闭的界线,从而增加交往的频率,改善不和谐的人际关系,获得凝聚力和向心力等。另外,高校之间的交流,有很多时候都是通过体育竞赛和体育研讨的方式来进行,因为体育是最容易激发情感交流、价值认同和化解矛盾的介质。

第三章 校园体育文化建设的基础指导

校园体育文化建设同其他文化建设一样,需要有一定的理论来提供相应的科学指导。只有这样才能更好地促进校园体育文化的建设,并形成一个完整的体系。本章就校园体育文化建设的基础指导进行研究。

第一节 校园体育文化建设的原则与要求

一、校园体育文化建设的原则

(一)主体性原则

校园体育文化建设要遵循主体性原则,也就是要遵循"以人为本"的原则。学生是校园体育文化的创造者和受益者。因此,校园体育文化建设理应围绕着学生这个主体来进行。现代教育理念已经从过往的单一向学生教授某项技能或知识向全面的素质型教育转移,新型的素质教育更加注重对学生全面性和社会适应力方面的培养,即培养出德、智、体、美、劳全面发展的综合型人才。校园体育文化的建设应该继续秉承这一理念,使学生能够在这种有利的氛围下,通过丰富多彩的体育运动得到充分的锻炼,对体育观念、体育精神、体育价值、体育道德有一个正确的认识,并把公平、公正、公开的体育原则,更高、更快、更强的体育精神融入平时的生活和学习当中。同时,学生在享受参与体育活动体验时,还应该注重能够亲自组织某些体育活动,了解其中的组织方法和运行规律,这是另一种能力的培养。在这些要求下,校园体育文化的建设要确定学生是校园体育文化的主体,学校组织的体育活动要以学生为核心,去了解学生需要什么,想要得到什么样的体育文化氛围,将这些看作是校园体育文化建设

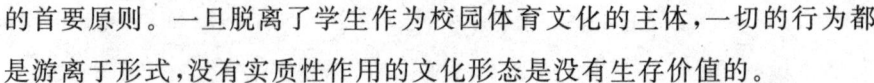

的首要原则。一旦脱离了学生作为校园体育文化的主体,一切的行为都是游离于形式,没有实质性作用的文化形态是没有生存价值的。

(二)与时俱进原则

事物都是处在不断发展变化中的。由于人的思想变化,从而带来了新鲜事物,新鲜事物的频繁出现必定会影响整个社会的变革,因此,文化也就在这种变化中逐渐改变。尽管文化是时代的产物,每种文化都有其固定性的一面,但总体上看,几乎所有文化在面对社会变革的时候也会发生或多或少的改变。校园体育文化也是如此,如 20 世纪 80 年代排球热,到 20 世纪 90 年代变成了足球热。随着这些运动的蓬勃发展,校园体育文化也做出了相应的调整,一时间,排球、足球运动成为校园体育文化的主流。

到了 21 世纪,人们生活观念开始转变,作为社会亚文化的校园体育文化,仍旧要随着社会需要而转移建设方向,与社会同步发展,才能更好地服务社会。

(三)统筹协调原则

校园体育文化包含的内容较多,因此它的建设是一个系统工程,要做到多方面统筹兼顾、相互协调。只有做到这些才能将校园体育文化建设得合理,才能使建设过程有序、顺利,才能够得到文化主体的赞许。在建设校园体育文化的过程中遵循统筹协调原则主要通过以下几个方面来体现。

1.软件与硬件协调

"软硬"结合主要是指与校园体育文化有关的软件和硬件之间的匹配与协调。其中,硬件建设包括承载各种体育活动的体育场地、体育器材、体育师资队伍和体育社团等;软件建设则包括了校园师生的体育精神、体育制度和体育观念等。

通过多年实践发现,校园体育文化的建设不应过分偏重于某一方面的建设,而是应该尽量做到"两手抓,两手都要硬","软硬兼施",两者协同发展,只有这样才能确保校园体育文化的发展始终保持在一种平衡的状态下,达到事半功倍的效果。在建设的过程中如果学校的硬件设施完善,但软件设施建设与现存的校园体育文化格格不入,体育活动组织内容单一,没有把学校具有的硬件设施充分利用起来,那么学校的硬件设施就成了一种摆设,优良的硬件设施只能作为展示实力的摆设。相反,如果学校的组织内容多样、制度完善,但硬件设施始终跟不上组织活动的要求,那么,所谓的组织计划、规章制度都只是一种空谈,因为它缺乏必要的承载物质。由此可见,"硬"是"软"的基础,"软"是"硬"的条件,只有两者协调地发展,才能使校园体育文化建设更加快速地前进。

2.课堂教育与课外活动的协调

在现代校园中,体育教育的形式主要有课堂教育和课外活动两种形式。因此,校园体育文化的建设就要建立在这两种形式的基础上。

在我国,体育课已经成为各级各类学校的必修课,体育教学大纲规定了学生每周的最少体育活动时间。体育课又分为室内课和室外课。其中,室内课主要讲授一些体育理论性知识,或者是体育相关的运动医学、疲劳的恢复与营养等内容。它是由体育教师根据教育部颁布的体育教学大纲按照班级授课制的方式进行的。从总体上来看,体育理论课所占的比重较少。室外体育课则以实践为主,主要传授学生某项体育运动的技战术方法、体育游戏的开展方法,以提高学生的运动技能为主要内容。它采取有计划的、循序渐进的教学方法,对成套的运动套路分阶段地进行解析。实践课所占的课时比例远远高于体育理论课。

课外活动也是校园体育的重要组成部分,尽管它并不是国家规定的活动内容,但它的丰富程度在很大程度上决定了校园体育文化的开展水平。相比于传统的课堂体育教学,课外体育活动拥有更强的生命力。其缘由就在于时间充足,形式多样,是一种对课堂体育教学的补充与完善。

另外,由于课外活动不受教学大纲限制,它体现出比体育课更为灵活、内容更为丰富的特点,能够充分地满足学生的个性需求。但需要注意的是,课外体育活动并不是简单的、无目的的"疯玩",它也需要理论知识和运动技能做基础,因此,需要把课堂上的理论知识赋予课外活动实践,用实践的经验来补充理论知识,两者相互完善。

二、校园体育文化建设的要求

(一)物质文化建设要安全、实用

1.安全性

健康体育有许多理念,其中安全是最基本的理念。在学校体育活动中,有时会发生安全事故,这与安全这一基本的理念是相违背的,所以在进行校园体育物质文化建设时要对安全性进行特别强调,要经常检查体育场地与器材等,年久的器材与不符合标准的器材要及时更换,确保学生的安全。

2.实用性

许多学校的体育场地与器材都是比较短缺的,所以在对体育场地进行修建、对体育器材进行购买时,要注意器材与场地的实用性,要坚持的主要准则就是最大限度地使学生的体育需求得到满足。一些学校设计体育场地时,仅仅是为了好看与时尚,却将其实用性忽视了,这样不但浪费资金,而且没有实用性,不能满足学生的需要,难以发挥其价值。

(二)组织形式要多样化

建设校园体育文化需要与时代发展的要求相适应。现在,学校中开展的校园体育活动主要就是运动会、体育课、课间操等,这些已经不能与时代发展的要求相适应了,也不能使学生的体育需求得到充分的满足。校园体育文化发展必然要求学校要组织丰富多样的体育活动,要确保其具有健康的体育内容,还要确保体育活动具有娱乐性的特点。所以,多元化发展道路是校园体育文化建设的主要方向,多元化的发展主要通过多样化的组织形式体现出来。多样化的组织能够使学生有更多的空间做出选择。同时,多元化的组织形式才能满足学生的体育需求,才能使学生更加积极参加体育锻炼活动。

此外,校园体育文化的健康性与娱乐性也要通过多样化的组织形式得以体现。倘若学校只有单一的体育组织形式,就会降低学生参与的积极性,也就难以实现校园体育文化的健康性与娱乐性。

(三)内容要具有娱乐性和健康性

1.娱乐性

学生的学习负担很重,压力也很大,因此精神上就会受到影响,如果经常处于紧张状态,学生就无法拥有健康的身体。而校园体育文化的娱乐性能够使学生消除紧张心理,放松身心。学生需要参加丰富多彩的娱乐项目,这样才能获得精神上的愉悦和享受,才能处于积极乐观的状态,在轻松愉悦的氛围下生活才能有利于学生的成长,才能提高学生学习的效率。

2.健康性

建设校园体育文化要以"健康第一"为主题。一方面,学生正处于身体发育的关键与最佳时期,参加体育锻炼能够促进发育进程的加快,使学生拥有一个健康的身体。校园体育文化的建设要为学生营造一个健康的体育锻炼环境,这主要体现在以下几点。

(1)有良好的体育物质文化。

(2)有精英体育教师作指导。

(3)有健全的校园体育健身模式。

(4)有浓厚的校园体育文化氛围。

另一方面,学生的思想稳定性较差,校园体育文化建设要求教师经常向学生宣传体育意识,使学生树立正确的体育观、人生观,使学生能够将体育精神深入到自己的生活中,影响自己的行为习惯,从而提高抗外界诱惑的能力,免受身心损害。

(四)要持之以恒

学生要掌握体育技能、提高体育意识、树立正确的体育观需要持之以恒地接受体育教育,参加体育锻炼才能实现,短时间是不可能全部实现的,或者并不能达到一定的水平。因此,校园体育文化需要长期对学生进行坚持不懈地潜移默化的指导和宣传。

另外,校园体育文化建设的过程中总会持续不断地出现问题,旧的问题解决了，又会出现新的问题，而且这一过程中出现的问题通常带有时代的因素，所以，只有长期坚持校园体育文化建设，用时代的眼光进行建设，才能防患于未然，才能对不断出现的问题进行有效的解决，才能更好地使校园体育文化服务于学生。

第二节　校园体育文化建设的内容与形式

校园体育文化的建设包含多方面内容，并表现为多种形式，有体育课、课外体育活动、课余体育训练、体育竞赛、体育文化节，等等。本节主要就以上几种常见的校园体育文化建设的内容与形式进行论述。

一、体育课

(一)理论课建设

对校园体育的理论课进行建设的基本思路是向学生讲授相关体育文化知识、体育卫生保健知识。通过向学生传授体育基础原理和知识，学生能够深刻地理解体育对人类社会、国家、自己未来生活和工作产生的重要影响能够积极地参与到体育的学习中。通过向学生传授保健与卫生知识，使学生对健康的重要性和身体健康所需要的环境有一个准确的认识，从而对一些基础的保健手段与方法进行掌握，并且更自觉地爱护环境、保持健康。此类理论内容要力争与学生现实生活中可能遇到的实际问题保持密切联系。不仅如此，在理论课建设中，对这类内容的选择要切忌支离破碎、简单无逻辑地罗列知识，而是要注意紧跟当前社会重点发展潮流，精选针对学生有重要意义的体育、保健原理来组织教学内容，并注意考虑结合运动实践部分的内容来组织建设。

(二)实践课建设

1. 田径

田径运动与人的走、跑、跳、投等基本活动能力有内在关系，所以被誉为"运动之母气"。通过此项教学内容能够使学生了解田径运动，理解田径运动在锻炼身体中的意义,使学生明白跑、跳、投等的基本原理和特征,对一些基础性、实用性较强的田径运动技能进行掌握,学会用田径运动来了解增强体能的方法和注意事项,掌握一些基础的田径判罚和组织比赛的技能。田径教学内容既与田径运动技能有直接联系,同时还与人克服障碍、进行竞争的心理要求有内在联系。因此,应从文化、竞技、运动、心理体验以及发展体能作用等多方面去全面地理解、分析教学内容、并组织教学。

2.体操

体操运动包括技巧、支撑跳跃、单杠和双杠等。它是发展人的力量性、协调性、灵活性、平衡性等能力最有效的运动。体操的历史较为悠久,自人类进入文明时代后,体操就一直伴随着人类的发展,它还与人克服各种外界物体的心理欲求有联系。通过此项实践教学内容,应使学生了解体操运动文化的概貌,了解体操运动对人体锻炼的价值和作用,明白基本的体操原理和特征,掌握一些典型的、实用性较强的体操技能并学会用体操的动作来进行身体锻炼和娱乐、竞赛的方法及注意事项,能运用保护与帮助的手法去安全地从事体操运动。

对体操实践内容进行选择时应主要考虑它的竞技、心理、生理等方面,力求将这些方面全面地进行。在教学过程中要注意循序渐进的原则,逐步逐量地加大动作的难度、幅度以及改变动作连接等方式提高教学难度,使学生的技能得到切实的提高。

3.球类

球类运动包括足球、篮球、排球、乒乓球、羽毛球、橄榄球、网球等。通过此项教学内容的传授,学生能够对球类运动的概貌和球类比赛的共性特征进行理解,能够对球类运动的基本技术和战术技能进行有效的掌握,从而具备一定的知识与技能来参与比赛。此类教学内容中的技战术通常较为复杂,每种技战术或技战术之间的组合相互依存、相互制约。因此,若要筛选出适合教学的内容显得比较困难,有一种不知该如何考虑的感觉。如果只是对单一技术进行教学,那么就失去了球类运动的本质,不能进行顺畅的比赛和应用,也会导致学生对球类运动失去兴趣,最终也不能使单个技术得到运用和提高。而若想整体详细讲解和介绍又需要一个较长的时间,有些球类运动若想达到一定的教学目标,至少需要一学年的时间甚至更长。因此,如果计划开展此类项目,则应通盘考虑,注意把技术教学、战术教学与教学比赛结合起来。

4.民族传统体育

民族传统体育的内容有武术、导引、气功及各民族的传统体育内容。通过此项教学内容使学生对中国优秀的、丰富的民族传统体育情况有所了解,并懂得用其来健身、自卫的方法。还要使学生在学习技能的同时理解中国的"武德"精神,讲究武术中的礼貌举止,并与爱国精神、民族自尊心的培养结合起来,教会学生基本功和一些主要动作。

民族传统体育教学需要较长的教学时间,同时还要兼顾教学的实效性。对于普通学生而言,鉴于民族传统体育往往需要较强的基本功,这种基本功不是一朝一夕能够习成的。因而,这种教学内容的教学重点不应只是放在一定要学生在学习过后能够完美地练一套。传授这部分教学内容应根据学生的心理特点强调教学内容的文化性、实用性、范例性以及其文化背景和意义。

5.韵律运动

韵律运动包括健美运动、民间舞蹈、健美操、体育舞蹈、韵律操、艺术体操等内容。韵律运动在组织教学内容时,应从审美观培养、舞蹈音乐理论介绍、感情表达能力培养和健身效果等多方面来考虑。以往此类教学内容过多地考虑了动作练习的教学以及重视练习中的不断上量等,而对于向学生传授一些基本原则并让学生尝试自编的要求较弱,应予以考虑加强。

二、课外体育活动

(一)教师的课外体育活动

教师作为校园体育文化的主体之一,开展针对教师的课外体育活动是十分必要的,这不仅是对校园体育文化氛围进行积极营造的要求,而且也是全面健身活动发展的要求。

针对教师的课外体育活动主要包括以下两个方面。

1.组织有利于缓解压力的体育活动

登山运动、春游等都能够使教师缓解压力,远离工作上的问题,不仅能够锻炼身体,还可以消除心理疲劳,形成良好的精神面貌。

另外,也可以进行一些体育比赛,如教师田径赛、教师排球联赛、健美操比赛等。教师自觉参与体育锻炼,能够促进自身技术水平的提高,同时能够拥有健康的身体。

2.组织师生之间的体育比赛

教师在日常上课时比较严肃,学生自然就会对教师有一种害怕心理,距离感由此产生,而通过参加师生之间的比赛,师生就共同处于一个层面,他们可以自由地发挥自己的个性,秉承着公平竞争的原则发挥自己的体育技能,并在比赛结束后可以针对体育或共同感兴趣的话题展开讨论,这样就能够增加师生之间的了解,使师生之间不再感到陌生,学生不再害怕教师,双方的距离自然就拉近了。

有一些教师年龄比较大,不能参加登山之类的户外运动,也不能进行大强度的体育比赛,因此可以选择参与一些强度小的活动,如武术、太极拳等。

(二)学生的课外体育活动

学生的课外体育活动有以下几种形式。

1.全校活动形式

全校活动具有庞大的规模、恢宏的气势和巨大的影响力,而且可以进行统一领导与指挥,操作起来比较方便,也为组织与管理者的督促、检查与评价工作提供了便利。全校活动形式的主要作用表现在以下几点。

首先,可以促进班级、年级之间相互学习、共同进步。

其次,有利于对学生进行爱国主义与集体主义教育。

最后,有利于提高学生遵守纪律的意识和培养学生的集体荣誉感。

全校活动的开展也会受到一系列因素的限制,如场地、组织措施、学生个体差异等因素,全校活动比较适合早操与课间操等。

2. 班级活动形式

生动活泼、便于组织管理、选择余地较大、限制因素较少以及锻炼效果良好是班级活动形式的主要优势。班级活动以教学班为单位,由班级体育委员负责组织,团支部、学生会等组织的其他班干部的主要职责是协助配合体育委员。班主任与体育教师主要负责指导和辅导班级活动的开展。

3. 小组活动形式

小组活动可以根据学生班级、学生性别、学生兴趣等因素自然分组。例如,根据学生体质与兴趣爱好成立足球组、体操组等。各组由体育积极分子或项目擅长者担任组长,小组在组长的带领下开展活动。可以根据季节与场地器材等条件的不同来灵活选择小组的具体活动内容。

4. 团体活动形式

团体主要是由体育兴趣爱好和特长相同或相似的学生自发组成的。共同的目的、兴趣爱好和特长使学生自发组织起来,共同开展体育活动,互相学习与交流,共同提高与进步,增进友谊,并通过团体体育活动体验成功和快乐。团体开展的体育活动形式多样。

团体的组织比较松散、自由,成员多少视具体情况而确定,且团体内的成员相对不固定。团体的成员没有局限在一个班级或一个年级中,他们可以是本班与本年级的学生,也可以是其他班与年级的学生。团体活动不需要进行专门特别的管理,主要是因为团体组织相对比较随意,没有固定的活动时间和地点。

在学生的课外体育活动中,团体的体育活动具有其他组织形式无法企及的积极影响,它有利于形成和发展学生的体育兴趣与爱好,促使学生养成良好的体育锻炼习惯,积极促进学生终身体育意识的形成与发展。学生可以通过团体活动获得身体、心理和社交等方面的全面发展。

5.个人活动形式

个人活动指的是学生根据自己的体育兴趣爱好与需要,根据体育锻炼的方法与要求,自觉自愿地选择体育锻炼项目,在体育课外活动中进行单独锻炼的活动方式。个人活动是一项非常重要的体育实践活动,它反映了学生体育意识的觉醒、有利于促进学生体育兴趣的形成和发展,也有利于学生养成并巩固良好的体育锻炼习惯,帮助学生实现体育学习的终极目标。

通常情况下,学生大都是因为对体育有较浓厚的兴趣才会自觉进行体育锻炼,经常参加体育锻炼的学生在体育知识、身体素质、运动技术技能等方面具有良好的基础,是班上的体育积极分子。因此,教师要积极做好这类学生的引导工作,使他们的特长充分发挥出来,达到以点带面、整体提高的目标。

个人活动可选择的内容十分广泛,学生大多选择与自身兴趣爱好与需求相统一的体育项目进行锻炼。个人活动与全校、班级、团体等集体活动并不矛盾,绝对的排他性是不存在的。恰恰相反,个人活动与集体活动在一定程度上可以相互促进与转化。

6.俱乐部活动形式

近些年,在学校尤其是高校中,体育俱乐部活动的课外体育活动组织形式相继出现。俱乐部主要分为两类:单项俱乐部和综合俱乐部。学校主要根据本校的场地设备、体育传统优势与师资力量等因素创办俱乐部。筹建俱乐部的经费主要来源于学校下拨的经费、学生缴纳的会费与社会赞助。学生按照自身的兴趣与爱好自愿加入俱乐部,在俱乐部内进行自己感兴趣的体育锻炼活动。学生参加俱乐部的目的各有不同,一些学生是为了提高技术技能水平,一些学生只是参加课余体育训练,还有一些学生只是为了娱乐。俱乐部活动的主要特点是有专门的组织管理和专业的指导教练,俱乐部活动的效果良好,深受广大学生的推崇与喜爱。

三、课余体育训练

课余体育训练是指为了发展部分在体育方面有一定天赋或有某项运

动特长的学生,提高他们某项运动的技术水平,利用课余时间,以运动队、代表队、俱乐部等形式对他们进行较为系统的训练,它是为竞技体育培养后备人才的一种体育教育过程。课余体育训练是我国学校体育的组成部分,我国颁布的《学校体育工作条例》中明确规定了要开展多种形式的课余体育训练。

课余体育训练要通过对具有运动特长的学生的训练,来提高学生对体育的认识,使其掌握一些专项与非专项技战术和知识,加强身体、技术、战术方面的全面训练,促进身体的正常发育,提高各系统器官的功能,发展体能,培养良好的体育道德作风和顽强的意志品质,为进一步的专项运动训练打下身体、心理、技术、战术和思想品质的良好基础,为提高运动技术水平输送优秀体育后备人才和群众性体育骨干服务。这便是学校课余体育训练的目的,其具体可以从以下三个方面进行阐述。

(1)学校课余体育训练要促进学生体能发展与运动能力的提高。学生身心发展处于发育关键时期,这时期进行训练,不仅能保证学生的正常生长发育,还能使其生理功能大大提高,从而提高运动素质和运动能力。

(2)学校课余体育训练应该是学校培养高素质人才的补充措施。通过课余体育训练,能帮助学生掌握体育的基本知识和技能,促进体能和综合素质的提高,为运动队或群众体育提供人才。

(3)学校课余体育训练应该完善学生道德品质和提高其精神意志力。学校课余体育训练,要力求使学生得到爱国主义、集体主义教育,提高学生对体育的兴趣,使其竞争意识、合作精神和拼搏意志都得到了培养。

四、体育竞赛

校园中开展的体育竞赛主要有以下两种。

(一)校内体育竞赛

校内体育竞赛能够促进学生个性的发展,对学生的能力进行培养,促进学生情操的陶冶,并能够对学校的体育氛围进行良好的创造,这些作用都是其他活动所无法替代的。学校应该对多元的体育竞赛进行开展,主要开展原则就是面向学生、服务学生,在开展中需要采用大众化的组织形式、比赛方法。以组织的等级为依据,可以将校内体育竞赛分为校级体育竞赛、院级或年级体育竞赛、班级体育竞赛。竞赛的项目主要有田径、篮球、羽毛球等。此外,也要对一些小型的比赛进行组织,如接力赛、拔河比赛,这些比赛的参与者众多,能够使更多的学生参与进来。与校际的体育竞赛相比,班级之间的体育比赛灵活性更强,而且也特别普遍,对不同的体育爱好者都是比较适宜的。校内体育竞赛的开展为校园体育文化营造出一股强大的凝聚力。

(二)校际体育竞赛

校内开展体育竞赛的主要目的是对体育精神进行传播,使学生参与到体育锻炼中,而校际间开展的体育竞赛主要目的是促进校际交流的加强,促进学校文明形象的提高,同时加强学校与社会的交流。世界大学生运动会和世界中学生运动会是校际间开展的比赛中级别最高的,此时的校际比赛已引申成为国际比赛,通过比赛学生可以将自己的活力与实践技能展示给全世界。

五、体育文化节

学校价值观念的传播方式之一就是校园体育文化节,文化节的举办能够将学生参与体育锻炼的兴趣有效地激发出来。体育文化节的主要载体是体育活动,宗旨是公平竞争、团结协作、拼搏进取,主要目标是"健康、快乐、文明",同时也注重对师生体育道德素养的培养。现在校园体育文化的传播离不开文化节这一重要的形式,体育文化节主要是集中一周的课外活动时间,对各种活动进行开展,面向全校所有学生,为学生提供良好的机会来对体育运动的乐趣加以感受。学生可以利用这一平台将自己的才华展示出来,充分发挥自己的个性与技能。

体育文化节也可以在节日里举行,比如在"劳动节""国庆节""元旦节"举办学校篮球、足球、羽毛球等联赛,分教职工、学生两组进行循环淘汰赛,这样不但能够使师生的节假日生活得到充实,又可以促进师生的集体荣誉感、竞争意识。

第三节　校园体育文化环境建设

一、校园体育物质文化环境

(一)校园体育物质文化的形态体现

校园体育物质文化的形态表现如下。

1. 运动场

运动场包括田径场、篮球场、足球场、排球场、网球场、羽毛球场等。它属于露天建设,方便向学生开放,因此成为学生参加体育活动最主要的场所,学生的体育课、课外体育活动、体育文化节、体育竞赛等都依靠体育运动场进行。因为各个地区的经济发展程度不同,学校体育运动场的质量存在着很大的差距。

2. 运动馆

运动馆包括综合性体育馆、篮球馆、排球馆、乒乓球馆(房)、艺术体操房、游泳馆、肋木区、单杠双杠区、攀爬角、健身角等。相比运动场它的造价较高,而且开放时间有限,因此不能成为大学生参加课余体育活动的首选。但运动馆不受天气影响,场地质量较高,安全系数比室外运动场高,通常一些重要的比赛都在运动馆里进行。

3. 运动器材

按照不同运动项目所需的器材分类,学校的运动器材可分为体操类器材、球类器材、田径类器材、民俗类器材、健身类器材等。通常学校的运动器材是与学校开设的课程以及运动场馆相匹配的,有运动场就必须有相应的运动器材,这样才能进行体育活动;反之亦然。随着人们对体育活动要求的提高,学校运动器材的配置必须完善,如以前"一班一球"的器材分配方式显然已经不能满足学生练习的要求。因此种类齐全、数量充裕的体育运动器材是每个学生在课堂有限的几十分钟内得到充分练习的基础。

4.其他体育物质形态

学校其他体育物质形态包括体育雕塑、体育壁画、体育传播设施等。看起来它对学生参加体育活动并没有实质性的作用,但是它对营造校园体育文化氛围以及培养学生浓厚的体育兴趣具有重大的意义。如学校的体育雕塑、体育壁画以最直接的方式传达给学生浓厚的体育寓意,学生在看到体育雕塑的时候自然会联想到一段体育历史故事,从而开始对体育产生浓厚的兴趣;又如学生通过观看一段高水平的体育录像,会激发出参加体育活动的热情。因此,不能忽视学校其他体育物质文化形态在学校体育文化环境中的作用。

(二)校园体育物质文化环境的优化

1.扩大体育物资设备

优化校园体育物质文化环境,数量种类多是优化的前提,只有"多"才能进行"优"。因为"优化"在很大程度上就是一个如何选择的问题。如果连最起码的体育设施都不齐全,没有任何选择的空间,优化只能是"纸上谈兵"。而校园体育不同于商业体育,不能到处拉赞助,因此扩大体育物质设施的资金最主要的来源就是学校的直接投入。当然这种资金投入并不是盲目的。首先,要从实际出发。因为各学校的经济承受能力是不一样的。其次,要重视扩大体育设施的方向。每个学校的体育文化氛围倾向是不一样的,而这种氛围的倾向性决定了学生参加体育活动的方向,也就是说,在不同的运动项目中,参加的学生人数以及热衷程度是不一样的。因此,在扩大体育设施的时候必须对本校体育氛围倾向有一个充分的了解,然后再针对运动人群多而体育设施少的体育项目来扩充设备,从而达到资金合理分配以及资源合理利用的效果。

2.优化现有的体育物质文化环境

优化现有的体育物质文化环境其实就是对现有的体育物质资源进行合理规划,营造出良好的体育物质文化氛围。

首先,校园体育物质文化环境本身是一种文化现象,井然有序的体育场馆和体育运动器材会给人一种舒适的感觉,因此对学校体育物资设备的规划就显得格外重要。如把篮球场集中修建在同一个地方,当学生走近篮球场时就会被浓厚的篮球运动氛围所吸引,那里便成为篮球运动的一片沃土,方便了篮球爱好者之间的交流。

其次,体育场馆整洁干净也是非常重要的。干净整洁的体育场馆能给人一种舒适感,进而使学生更加亲近体育运动。相反,四处都是果皮纸屑、铁锈横生的体育场馆会让人产生厌恶感。

因此,保持学校体育场馆的洁净非常重要,每天都必须安排人对体育场馆进行打扫,以保持场馆的干净整洁,营造出良好的体育物质文化氛围,从而吸引更多的学生参加体育运动。

二、校园体育教学环境

(一)校园体育教学环境的构成

1.体育教学物质环境

体育课是一个实践性很强的课程,在学校体育教学环境中,体育物资设备起到了载体作用,教师通过体育器材来实施教学目的,学生则通过体育器材、场馆进行体育活动。通常体育教学物质环境包括自然环境和体育设施环境。自然环境指的是学校的花草树木、空气、噪声、光线等,这些客观事物在一定程度上影响了学生的学习和训练。体育设施环境指的是由后天改造而来的体育设施,如体育场馆、体育器材、教学设备(秒表、录像带、光盘等)。体育设施的好坏直接影响到教学质量的好坏。此外,由于物质环境是客观事物的载体,因而合理的场地规划、整洁的场地能使学生产生良好的体育兴趣,本身具有教育作用。

2.体育教学教师环境

学校体育教师是教学环境的灵魂。他们作为学校体育文化的指导者,对学校体育发展方向具有绝对的主导权,学校体育要弘扬什么样的精神、发展什么样的体育传统、提倡什么样的品质和培养什么样的能力等都是由体育教师在思想、行为上的体现和认识决定的。通常体育教师传授什么样的体育传统、精神、品质等,学生就能收获什么样的体育传统、精神、品质等。因此,在学生形成正确的审美观、体育观、人生观以及体育意识上,学校体育教学教师环境对其影响是巨大的。

3.体育教学网络环境

网络已成为当今社会生活中的一个普及工具。在体育教学中,网络教学越来越广泛,体育教师利用网络给学生讲授最新的体育知识、实施远程教育等,大大提高了教学的效率。在网络教学环境中,体育教师通常具有自己的一个网站或一个邮箱,学生从指定的网站或邮箱上获取最新的学习任务。另外,在上体育课的时候,体育教师利用课件把平时很难用语言描述的技术动作通过网络以图片或视频的方式展现出来,更能让学生接受。在今后网络逐渐普及的形式下,网络教学的重要性将在体育教学中逐渐凸显。

4.体育教学人际环境

学校体育教学是施教和受教的实施过程,这个过程中最重要的就是师生之间、学生之间、老师之间的交流。因此,体育教学的人际环境是不可缺少的一部分,良好的人际环境体现为师生间的一种默契,老师的一个眼神或一个手势,学生就能体会其中的意图,师生互相尊重,老师以高尚的人格品质去感染学生。还有就是体育教师间的融洽,没有教学界限,互相交流教学经验,互取所长,这对完善学校体育教学非常有帮助。

(二)营造体育教学环境应注意的几个问题

1.体育教师的知识修养和综合能力

学校体育教师只有具备丰富的专业知识、文化知识以及体育经验,见多识广,才能让学生信服。体育是一门多学科性课程,而且在运动过程中具有一定的规律性,同时它又是一个发散式的体育活动,如果教师没有一定的专业知识和体育经验,很难对学生当前提出的问题进行解答。此外,作为实践性很强的学科,仅有丰富的理论基础还不够,体育教师还必须具备多方面的能力,如组织管理能力、动作操作能力、人际关系处理能力等。同时,体育教师作为一位传播者,他们的一言一行都备受学生的关注,因此在体育教学的过程中,体育教师应注意言行举止,以身作则。

2.体育教学环境的普及范围

目前,在体育教学环境普及范围上存在着很大的误区,如有相当一部分教师认为,学校余暇体育活动不属于教学范围,如课外体育活动、节假日体育活动等。显然这种认识是不对的,因为学生参加余暇体育的时间远比课堂的时间多,而且很多的体育技能包括体育课内容的后学习都是在余暇体育中形成的。如果让余暇体育自由地发展,那么学生的体育运动技能就会出现很多的错误。因此,这种观念必须得到纠正,应把余暇体育作为教学任务的一部分,充分利用余暇体育来传播体育知识。还有一个误区,那就是认为体育教学就是以教师为主导,以学生为主体,以教学为内容,以培养学生的健康体魄和终身体育能力为主要目的的一种体育教学。这种认识过于片面,因为培养学生的健康体魄和终身体育能力只是教学目的的一部分,在具有浓厚体育文化内涵的体育教学中,引导学生养成正确的人生观、体育观以及培养他们的合作能力、竞争意识、拼搏精神,同样是体育教学的目的。

3.体育教学环境的硬件设施

学校体育教学环境的营造需要软件与硬件协调发展才能取得好的效果。目前,硬件跟不上软件已成为一种普遍现象,许多体育教师有教书育人的抱负,却因为缺少硬件设施,最终只能使抱负变成空想。而造成这种现象的原因是多方面的。

第四章　高校体育社团建设

第一节　高校体育社团发展与功能特点

一、高校体育社团发展概述

在新形势下,高校体育社团是广大大学生在校求学期间最经常参加与影响最为广泛的体育组织,它在运行过程中从本质上体现了体育教育的重要作用,是高校体育教育的主要方式。对于高校体育社团来说,体育教育功能不仅是对高校学生体育教学理论的一种补充,也是对高校体育社团体育研究理论系统的丰富与完善。在具体的工作中,高校体育社团的体育教育功能可以强化体育的感召性,从而增强高校体育教学工作的实效性与目的性。

(一)高校体育社团的基本概念

所谓体育社团,即为体育社会团体的缩写,它拥有着长期的发展历史。从我国角度来看,体育社团的雏形最初诞生于先秦时期。然而完全具有现代意义的高校体育社团则出现在二十世纪初期,拥有强烈的时代特色,这种时代特色就是传统的体育精神与爱国主义精神,并且这种精神长期是作为社团的核心思想来发展的。现代的高校体育社团,从概念上可以理解为是由大学生根据自身的体育兴趣爱好自愿组成,并按照有关规章来进行体育活动的大学生组织。高校体育社团是新时期开展素质教育极为有效的方式,尤其是在增强大学生体质健康、体育素养与社会适应力,强化大学生的就业能力以及增强校园文化等方面起到了积极的作用。在新时期,高校体育社团不仅弥补了课堂体育教学的不足,也是高校体育教学的重要组织动员模式。

(二)高校体育社团的类型

1. 体育竞技类

它主要是通过组织大学生参加各种体育竞赛,从而响应国家全民健身的号召,并且在活动过程中使大学生的身体得到锻炼,精神得到了升华。譬如篮球协会、游泳协会以及网球协会等形式。

2. 体育理论研究类

所谓体育理论研究类社团,具体指的是在体育理论研究的过程中,时刻秉持理论学习与具体实践相统一,从而增强大学生的体育素养的理论研究类学生组织。它的主旨是学习研究新时代体育理论,调研体育热点问题,践行社会主义体育价值观。体育理论研究类社团具有各种活动形式,主要目的是为了给予广大大学生一个体育理论研究与讨论的平台,令不同年龄的学生彼此交流自己的心得体会,从而使各成员的体育素养得到共同进步与发展。体育理论研究类社团依靠这种体育教育形式不仅使最先进的体育理念更容易地进入到课堂与大学生的思想,从而使高校体育教学工作的进展更为顺利。通常情况下,虽然体育理论研究类社团在高校与其他社团相比数量比较少,活动范围也不大,但是体育理论研究类社团凝聚起了众多学习程度好又体育素养过硬的大学生,逐渐发展为培养新时期先进青年的沃土,是对大学生体育价值观进行教育的主要体育教学方式。

3. 体育实践类

所谓体育实践类社团,具体指的是社团成员利用自身所学来进行体育公益活动与服务而检验自己所学,从而培养出具备综合实践能力的体育实践类学生社团组织。体育实践类社团的主旨是为了培养大学生的个人体育素养、体育职业素养以及体育道德意识,在教学的过程中使大学生的体育意识得到增强,从而为大学生建立起一定体育的责任,并在这个过程中充分体现大学生的时代风采。

二、高校体育社团的功能特点

(一)高校体育社团的功能

1.教育承载功能

所谓教育承载,具体指的是在体育教学的进行过程中,一些方法与模式可以被教育工作者广泛运用,而承载一定程度的教育内容,起到了促进大学生在这种方法与模式中接受体育教育内容的功能。由于学生社团作为一种有效的体育教学载体,这就决定了其自身所拥有的教育承载功能。而对于教育载体来说,其指的是承载的体育教育要素可以被教育工作者所广泛运用,并且教育工作者与学生能够互相发生作用的一种体育教学活动方式。根据这个概念我们可以知晓,成为载体需要满足两大方面的条件:第一,是可以承载体育教学的目标、职责、规定以及内容等要素,而且还要被教育工作者所掌控;第二,需要是一种可以联系到教育工作者与学生的形式,且双方能够有效互动。对于学生社团来说,其自身属性绝对可以满足体育教育载体的两大条件,能够成为高校体育教学工作的重要载体,并积极地发挥出自身的教育承载功能。首先,高校体育社团作为一种弘扬校园体育文化的学生组织,它种类各异、内容广阔、学生覆盖面广等特点是其他形式无法比拟的。尤其是在深化校园体育文化建设、增强大学生个人素质、指引大学生适应社会发展等方面起到了积极的影响。鉴于此,高校应充分利用学生社团的组织特性,借助到这个有效地体育教育载体,对活动进行有目的性的积极指引,把体育教学的目标、职责、规定以及内容在不知不觉间融入大学生的思想意识中,使教育效果得到巩固。譬如,高校团委可开展学生社团主题活动周,对体育社团依照自身特色或与其他学生社团进行交流合作而开展与主题相符合的活动进行鼓励。这样一来,既可以令大学生主动地去学习有关主题的理论知识,还能够在具体的实践中把主题知识融入大学生的思想中。其次,体育社团作为一种连接体育教育工作者与大学生的纽带,二者都可以通过这个纽带开展互动。现阶段,随着时代的快速发展,大学生的主体思想愈来愈浓厚,他们对个体的发展也更加重视,传统的体育教学已经无法满足其对现实的需求,但是体育社团可以给予他们想要的一切。大学生在学生社团活动中可以主动地去向教育工作者寻找帮助,在与教育工作者进行互动时,教育工作者也完全可以通过体育社团来知晓大学生的情感与理想价值,从而有效改变教学方法,以此强化体育教学的实效性。

2.价值导向功能

所谓价值导向,具体指的是利用启迪、激励、评估、监督等德育方式,对大学生进行积极指引,使其把使命感与上进心转变为现实的奋斗方向、价值追求以及行为标准,逐渐发展为个人的精神信仰与动力,树立积极向上的体育价值观念,从而为社会贡献出自己的力量。价值导向是体育社团所有功能中最有标志性的代表,它能够让广大大学生在多姿多彩的体育社团氛围中,获得公平的锻炼与发展个人素质的机会。通过对体育社团活动目的的追寻、对学生社团规范的履行以及与成员的互动交流过程中受到积极的指引,从而使自己形成高尚的体育道德观以及积极的体育价值观。

3.凝聚鼓舞功能

所谓凝聚激励,具体是指依靠体育社团来对大学生的思想意识、心理情感进行凝聚,使其发展为一股庞大、具有向心力以及方向一致的精神能量,推动具有相近精神能量的大学生更加凝聚在一起,并且经过一些不同形式的外界影响,使广大大学生被这种努力拼搏、不屈不挠、勇于攀登的体育精神所鼓舞,逐渐发展为一种浓厚的社会职责意识与动力,从而使自身的道德素养得到提高。首先,在体育社团的实践过程中,大学生经过体育社团的规范与社团文化的长期浸染,能够形成一种通过情感来打动人、通过情感来教育人的情感意识,从而使大学生能够为体育社团长期发展与自身综合素质的提高,建立一种成员都共同接受的符合社团主旨的价值观念,形成一种精神聚合力。同时,在体育社团所有成员的日常相处中,也能够使彼此间的友谊得到增进,从而使大学生形成对社团的归属感与使命感,这种精神聚合力,对大学生具有强大的感染性与凝聚性。其次,这种凝聚鼓舞还反映在对大学生的精神鼓舞方面,它具体包括榜样鼓舞与感情鼓舞两大方面。其一,榜样鼓舞。作为一个完善的高校体育社团,其必定会有一个各方面都十分优秀的核心人物,他的榜样作用十分巨大,可以激励成员以模范为依据寻找出自身的差距,进而改正并奋斗。大学生通过榜样的鼓舞作用,可以逐渐形成一种"学习模范"的体育教育氛围,譬如就像是在茫茫大海中发现指引航向的灯塔一样。其二,精神鼓舞。由于体育社团文化在本质上具有一种开放与广博的属性,这就决定了其必然会在潜移默化中培养与激发出大学生的探索精神与求知欲望,从而使他们形成自主学习与独立探索的创新意识。

4. 心理调适功能

所谓心理调适,具体指的是采用沟通、交流以及劝导的方式,来对大学生进行心理、感情调适以及恰当地对其人际关系进行调整,从而使大学生形成积极健康的思想意识与全新的人际关系,以此促进社会的和谐发展。大学生由于尚处在心理发展阶段,他们自身的成人身份与社会地位的不符合容易产生思想疑惑,而高校体育社团对于调适大学生的心理负担以及促进心理发展起到了积极作用。其一,体育社团的活动类型、形式以及内容种类繁多,具有生动性与趣味性,大学生在体育社团活动中减少了来自课堂教学的思维禁锢,从而可以更加主动地表达个人的情绪与渴望。其二,体育社团全体成员之间是一种公平的关系,他们兴趣相同,容易形成和谐的社团氛围,大学生在与同伴一起进行活动时,可以互相间较快地产生归属感,从而当大学生在面对一些无法启齿的心理问题时就会有个可以倾听的对象,防止造成抑郁与自闭等病症。其三,大学生在体育社团中可以把个人的才智充分展示出来,并且还可以增强个人的综合素质与自信,这能够让一些拥有自卑感与孤独感的大学生找到心理寄托、归属以及奋斗方向,从而为他们增强个人价值意识与建立健康人格起到了积极意义。言而总之,高校体育社团对增强大学生的心理素质、调适心理以及强化创新意识等方面具有重要的引导作用。

5.自教自律功能

所谓自教自律,它对大学生的道德培养主要表现为"直接"与"间接"两面。首先,从"直接"方面来分析,一个清楚的道德规章与宗旨是自教自律的基础,由于这种"直接"的管制并非是静止的自我约束,而是大家都以一定的方向、遵守一定规章的动向约束。高校体育社团的规范作为一种所有成员一同接受与遵循的规范,他体现出了集体主义理念,具体表现为一定的纪律特征,对所有成员的行为拥有一定的约束力。在约束的过程中也给予了大学生一种责任意识。高校学生社团的规范都已融入基本生活中,若成员认真遵守规范,就会得到认可与鼓励,若是成员违反了规定,就会遭到其他成员的指责。所以,为了捍卫社团与个人的尊严与荣誉,大学生会自觉地履行社团规范,从而使个人的道德修养与基本行为向正确的道路上行进,以此提高道德品质。其次,从"间接"方面来分析,它比硬性的"直接"约束更可以从根本上培养大学生的日常行为规范。这种"间接"的约束可以有效地使大学生在社团活动中将积极向上的体育价值观念与体育道德首先在意识中形成一种固定思想,并产生一种回应思维。每当外界发出吸引信息时,就会得到思想的回应与共鸣,从而转变为一种预期行为。大学生在"间接"约束与社团活动的感染下,能自觉主动地接受高校体育教学的方向、内容与规范,以此将个人的思想意识、具体行为与价值观念逐渐与体育教学相同步。所以,高校体育社团的自教自律功能可以利用到"直接"与"间接"的不同特性,积极地对大学生的思想道德与行为进行自教自律的指引,使其形成健康的品格。

(二)高校体育社团的特点

1.主体性特点

主体性,是一个健全的人所具有的生存与发展形式,它不仅思考的是个体的自身发展,也是对怎样成为一个"现实"的人进行的积极探索。在传统体育教学中,往往是一种教师传授,学生学习的育人方式。在这种体育教学形式中,教师通常情况下是教学过程中的主体,而学生只能被动地成为获取知识的客体。相反的是,高校体育社团使大学生从活动起始计划到开展都是作为核心主体而存在的,他们对社团活动拥有个人的选择方向。在社团活动中,所有成员之间是一种平等交流,和谐互动的关系,而教师只是负责引导的责任,大学生完全可以自由地讨论、展望个人兴趣憧憬,以此发展为主体与创新的平衡共存,这就使作为体育教育对象的大学生具有主体性的特点。另外,它不只是在大学生参加学生社团时的自主选择范围方面有所体现,也反映在社团建立与开展活动方面。大学生在充满自主性的社团活动里,共同学习进步,汲取对方的优点,弥补自身的不足,并不是从教师那里接受信息。这可以理解为是一种以大学生为主体的学育过程。

2. 隐藏性特点

艾略特认为,对于所有生物来说,即使是最为浓厚的内在属性,在很大程度上也是由其外部环境所造成的。这充分说明了环境对人有着潜移默化地影响作用。经过现代科学研究发现,人类的潜意识中有着非常强的吸收信息的灵敏特征。对于高校体育社团来说,它在本质上就是一个具有隐藏特点的隐藏课堂,大学生在这个隐藏课堂中,不仅是作为一个受教育对象,也是一个教育者。这种隐藏教育并非向大学生直接传授体育理论,而是通过各种社团活动,利用不同的条件,在不知不觉间向大学生进行体育教育,使他们在具体的现实环境中得到锻炼,并逐渐树立积极向上的价值观念,主动地接受教育,降低叛逆否定感。在社团活动进行中,所有成员互相沟通,畅谈出个人的想法与观点,共同合作寻找出最为有效的处理方式,其实感受活动的价值。探讨不是吵架,而是谋求合作,大学生个人的体育水平增强与同伴之间的友好合作不是受到高校的压力,而是自发的一种聚合力。因此,大学生在实践活动中往往可以产生最有感触的心灵体验,这种感觉会与他们一生相伴。既提高了他们的道德修养,也感染了他们的个人情感,并且这种感染又间接地影响着道德认知的内化程度。

3. 全面性特点

如上文所述,我国的高校体育社团涵盖了体育竞技、体育理论研究以及体育实践等多方面内容,具体的活动形式与内容也充分考虑到大学生全面发展的各个环节。虽然课堂教学在理论方面的要求更为缜密与严格,但是硬性的课程内容也会令师生的思维受到束缚,大学生在学习时的潜力也难以得到开发。所以,体育社团以其自身的开放属性与多样属性就显而易见地成了其体育教学的特殊优势。高校体育社团不只是单纯地向大学生进行体育教学,而是利用其宽泛新颖的多学科范围来指引大学生深化认识的程度,从而使大学生在迈出校门后拥有社会生存的能力。经过调查研究显示,许多大学生都参加过体育社团,这就可以得出无论是从选取受教育方式方面,还是选取内容的趣味方面,高校体育社团都可以富有成效地稳固与深化体育教学内容,科学地指引大学生对课外体育教学内容进行探索,以此弥补促进课堂教学内容的不足。

4. 针对性特点

很长一段时间,我国体育教学存在着针对性弱的现象,究其主要原因就是传统的教学方式的弊端。这种强加给大学生理论和实践的教学方式,其内容完全不可能在实际生活中得到印证,这就造成了大学生的认知水平与具体行为相分离的尴尬局面。但是反观高校体育社团,其认知程度、道德思想以及具体的道德行为都会在社团活动中得到科学合理地协调与统一,从而达成"知"与"行"的统一,最终使其能够在之后的情境中作出具有实效性的思考与行为。因此,作为一个合格的体育教育工作者,务必不能单纯地对大学生灌输体育理论,要经常鼓励他们去参加课外实践,只有经常与别人进行和谐合作,才能在本质上体会什么才是准确无误的思想。另外,高校体育社团主要是根据一定的主题来进行活动的,因此具有针对性的特点,它既可以增强体育教育给予大学生的正面功效,还可深入推进大学生认知水平与具体行为的融合进度,而不仅仅是单纯地接受体育思想,同时,这也间接地扩充了体育教学途径的范围,从而更好地强化体育教学的针对性。

第二节　高校体育社团功能实证研究

一、高校体育社团的实证调研

此次调查问卷的内容,具体对象为五所综合性高校,共发放调查问卷

700份,有效回收为680份,回收率为96.7%。调查对象以性别与专业作为划分,男生为57%,女生为43%,文科生为54%,理科生为46%。本调查问卷主要从三个方面来调查,具体内容为"参加体育社团概况""对体育社团的认知""体育社团现状",试图以科学的态度在数据中寻找出限制高校体育社团功能发挥的具体问题,并联系大学生对这些问题的想法与观点,从而为高校体育社团功能的有效发挥给予实质性帮助。

(一)参加体育社团的概况

在本次调查中,所有问题都是基本根据现阶段大学生参加体育社团的实际情况来开展调研的。通过调查报告显示,大学生在面对参加体育社团的原因这个问题时,有两个选项被选择最多,分别是"展示个人能力,锻炼身体"与"提高人际交往能力",比例分别为34%与37%。而选项被选择最少的是"哪里人多去哪里"。比例为17%。从这里我们可以看出,大学生参加体育社团的原因并非只是单纯地充实课外生活与个人爱好,而最主要的是为了培养自身的综合能力与实现价值,这完全与学生社团促使大学生"知"与"行"的统一以及强化体育教学实效性的作用相符合。

目前,随着素质教育的不断深入,各大高校的体育社团如雨后春笋般迅速地在高校发展壮大,种类多种多样,这就使大学生有了更多的选择可能。在本次调研中,特别对大学生参加体育社团的数量与种类进行了调查分析,其中,参加体育社团的数量选择是最高的,比例为49%,没有加入任何体育社团的比例为7%,参加体育社团的比例为73%。这些充分反映出现阶段体育社团在高校的普及程度愈来愈高,影响程度也愈来愈广泛。而在参加体育社团的种类方面,选择最高的为"体育实践",比例为66%,排第二的是"体育竞技",比例为52%,从这两个比例我们可以看到当代大学生在体育实践的追求方面觉悟逐渐增强,参加体育社团的种类也不再限定在以往的个人兴趣为核心的"体育竞技"类社团。这也间接体现出大学生在选择体育社团时,充分将其与现实社会紧密联系在一起的理想思维,也直观地表现了社团思想与社会思想的有机统一。需要强调的是,选择"体育理论研究"类社团的数量是最为少的,比例为22%。这样反映出当前许多大学生对体育理论并不是非常关心,仍需要自身不断提高这方面的关注度。另外,体育教育工作者对于此种状况也要不断改变自己的工作方法,使理论类学习更具生动性与活跃性。

进行高校体育社团活动,其最主要的核心任务就是承载高校体育教学,使体育教学功能具有实效性。因此,参加高校体育社团是进行体育教学工作的出发点。但是,在数据调研中我们发现,经常参加体育社团活动只占到18%,有空就去参加学生社团却占到了60%,从不参加任何体育社团活动的学生比例占到了22%。在调查中我们了解到,有44%的学生是认为"体育社团活动样式不多,提不起兴致参与",有32%的学生觉得"学习繁重,没有工夫去参加社团",而17%的学生则认为"社团宣传力度不强,与自己的安排有所冲突",最后还有7%认为"社团活动对自己并无益处"。从调研结果我们发现,大学生参加体育社团的不积极,主要原因是体育社团的活动内容本身吸引力不强与闲暇时间不充足,这务必要得到体育社团管理部门的重视,对社团活动进行积极引导,不断增强社团负责人的自身素质培养,科学制定活动时间与活动内容。另外,编者在调研中还发现到一个重要问题,一些本身具有良好活动内容的体育社团往往由于缺少时间,通常选择在期末进行活动,而此时正是期末考试的紧张阶段,这就降低了大学生参加体育社团的可能性。

(二)对体育社团的认知

为了充分了解大学生对高校体育社团的认知水平,在调研中具体向体育社团的教育功能、活动评价、对外发展三大要素展开了分析。首先,教育功能能否有效对大学生起到显著作用,不仅是检验实效性的主要依据,也是完善体育教育事业的首要指标。因此,应在调查问卷中以精练的语言来阐述教育功能的主要特点,使大学生能够联系现实来体会教育功能的具体作用。笔者从调查报告了解到,尽管体育社团的教育功能在整体部分的发挥效果良好,但是减弱现象依然严峻。其一,体育社团的教育功能并未起到本质作用,对大学生的教育只是发挥了"皮毛"的作用。从调查报告可以看到,认为"教育效果不大"的学生数量远远大于认为"教育效果良好"与"教育效果非常好"的学生总数,尤其是在自教自律方面选择"教育效果不大"的比例占到了54%,而教育承载上选择"教育效果不大"

占到了 51％。其二,教育不同的功能间产生的具体作用不平衡。从调查报告可以看到,凝聚鼓舞功能是选择比例最高的功能,而 6％的学生认为没有任何效果,尽管这充分反映了现阶段大学生从社团中获得的最大收获就是团结主义,但是,选择自教自律功能不大的学生数量远远超过选择凝聚鼓舞功能,这反映出大学生并没有把在活动中汲取到的各种积极健康的价值观念与道德意识充分的与个人的思想与行动融合在一起。社团活动的教育功能是一个紧密联系的有机统一,任何一部分被削弱就可能对教育功能的整体发挥造成危害,从而降低教育的实效性。其次,大学生作为学生社团的主体,他们对社团的长久发展与具体情况是最有话语权的。只有真正秉持"以学生为主体"的原则,一切工作从大学生的现实需求与实际问题为出发点,才能制订出科学合理的教育计划。在调研中我们看到,大学生认为影响社团活动开展主要因素有两方面,其一是"参与程度低",学生比例为 37％,其二是"形式太强,缺乏特点",学生比例为 31％。这些主要是因为时间的不充足与规划性不强,而缺乏吸引力就会导致活动的实际意义与学生社团的教育承载功能遭到减弱。在具体的方案中,我们不仅要及时解决活动中的困难,也要充分听取大学生的意见。另外,一些大学生认为体育社团发展的最大阻力是"体育社团没有核心思想,缺乏管理度",学生比例占到 36％,还有一些大学生认为社团发展的关键所在是要"优化活动内容",学生比例占到 52％。综合这些数据我们可以看到,只有使高校体育社团活动的内容、作用与成员的凝聚以及社团思想得到充分解决,指引其向高质量、正规性以及发展性的方向迈进,才能得到更长远地发展。最后,大学生的校园生活经常被各种文学作品与影视作品刻画成"象牙塔",但是若想取得真正的整体发展,以适应当今生活节奏日益加快的社会,仍离不开丰富的社会实践。而高校体育社团作为大学生进行实践教育的有效途径,他们在进入社会前能够利用这个渠道与社会进行交流,以增加了解。

(三)体育社团的现状

高校体育社团作为大学生进行自我教育的核心场所,在高等院校人才建设方面发挥了重要的作用,如果在管理方面出现疏漏,就会降低教育功能的实际意义,也在一定程度对学生社团管理循环造成负面影响。在对高校体育社团现状的调查中我们发现,大学生对社团整体与内部制度的评价比例中,33％的学生认为"社团活动多姿多彩",45％的学生认为"社团活动内容不尽如人意",由此可见现阶段虽然社团活动开展的次数较多,但质量与吸引力却亟待提高。而大学生对所在社团内制度的评价比例中,43％的学生选择了"社团制度欠缺",29％的学生则认为"社团制度无法落实"。这些数据充分反映出现如今高校体育社团的管理较为混乱,无法有效地将社团管理与规范联系在一起,这就易造成社团管理的"个人独断"。体育社团尽管作为一个以大学生为主体且自主程度大的学生组织,但其始终不能与具体的、正确的以及现实的引导相分离,因此,教师在指引与辅助学生社团的发展历程中起到了至关重要的作用。在教师对学生社团的引导情况调查中,我们可以看到,49％的学生选择"教师较少引导社团发展",32％的学生选择"教师长期引导社团发展",18％的学生认为"教师从不引导社团发展"。从这里我们可以看出,目前教师在体育社团的引导方面仍有所欠缺,教师对大学生发展的责任意识有待加强,校方也应对这种情况做好监督工作。而从负责社团管理的学生干部素质调查来看,49％的学生认为"管理能力是首要能力",41％的学生认为"综合素质过硬",仅仅只有10％的学生选择"兴趣为首要"。这些数据都在一定程度体现了当代大学生在选择学生干部素质方面,已经拥有了一种理智分析的思维模式。虽然高校体育社团的本质是以兴趣爱好为核心理念建立的组织,但是在管理理念上单一的兴趣爱好已经不能成为衡量尺码,过硬的管理能力才是首要依据。

二、高校体育社团教育功能发挥欠佳的因素

(一)自主与规范

所谓自主性,在这里其实指的是体育社团的自主性,它也是高校体育社团的首要特征,虽然体育社团的自主性给予了大学生更为广阔的成长与发展空间,但仍不能掩饰体育社团管理的自主性与发展的规范性之间的矛盾冲突。究其主要原因,是因为所有具有发展空间的组织都离不开

一个科学合理的规范制度。而通过编者的调查发现,这种自主与规范的矛盾主要表现在无法落实制度、个人管理现象严重以及活动缺少方案等问题上。首先,无法落实制度。从本质上来看,所有高校体育社团在成立之时都会以自身发展需要为据制定出符合自己的规范制度,但是,在随后的发展过程中就会出现落实不及时或忽视制度的现象,长此以往就会使制度变成一种象征性制度;第二,个人管理现象严重。一些成员从进入社团到离开社团就不知道制度的存在,认为每个成员只要听社团干部的话就行,随意性非常强,这就充分暴露了个人管理现象严重的问题。尽管"有才之人管理社团"已成为一种社团管理的"潜规则",虽不能否定有才之人能够给予大学生积极向上的价值观念与自我发展的正能量,但是仅仅依靠个人独断管理就易造成不民主的局面,不利于体育社团文化的传承与良性发展。第三,活动缺少方案。由于可能受到上述两个问题的影响,许多社团计划方案变动性会比较大,经常出现在社团开始进行时才发现各项条件无法配合的情况,从而就造成了活动进展不顺,学生兴趣不强的尴尬局面。无法有效落实制度、社团个人管理严重以及活动方案缺乏并出现内容虚假空洞,进行活动时得不到大学生的有效响应,长此以往,这种恶性循环就会使自主性高的学生社团在发展途中愈加坎坷,内部管理的规范反而发展顺利,这就造成了体育社团发展的不均衡。

(二)需求与供给

从现实角度来观察高校体育社团的发展需求,具体可分为两大类:即现实需求与智力需求。现实需求指的是进行社团活动时对物资、金钱以及场所等的实际需求。智力需求则指的是社团成员对教师指引的智力需求。经过编者的调查发现,这两种需求在调研报告上都没有得到有效地补充,需求与供给仍有较大的差距。第一,社团存在经费紧张与场地困难的需求问题。从现实角度来看,高校体育社团的经费渠道主要有三个方面,即社团管理部门、成员以及社会单位与组织。其一,与社团管理部门与社会单位相比,因为一些客观原因的存在,社团成员的会费是最为稳定的资金来源方式,但成员的会费一年缴纳一次,额度较少,甚而部分社团为了吸引入会还采取免费手段。而在开展活动时各项费用的支出就会有所欠缺。其二,高校为体育社团提供的场所毕竟只是少数,一些活动设施的缺乏也影响了社团活动的进行。首先,高校的社团数量多,无法充分对每个社团进行场所安排,这就造成许多社团共用一个场所的局面,并且每个社团的用品没有固定的存放位置,已造成混乱从而出现矛盾。其次,因为许多社团的活动形式与内容较为相同,那么场所就体现得更加宝贵,当出现活动安排冲突时,经常是以"小让大"方式来解决。长此以往,容易使那些经常排不上位的社团产生自卑感与失落感,更加打击了他们参加活动的主动性。现阶段,资金与场所的缺乏,使高校体育社团的发展之路布满荆棘。第二,社团成员从教师处得到的智力需求无法满足。首先,传统的高校领导层对于体育社团依旧处于"管多引少"的阶段。许多人都认为,谁负责管理就应该谁负责引导,而现实情况却是社团尽管是由高校团委来管理,但是每个高校自身的属性与需求是不尽相同的,这就使团委根本不可能独自承担。并且,还有一部分体育社团自身的技能性较强,需要更高水平的指引,这就使团委的管理有心无力。这些情况应该得到高校各部门的密切配合,从而使体育社团健康发展。其次,教师对社团的引导工作仍有所欠缺。通过编者的调查发现,有 68% 的学生认为"教师较少引导社团发展"和"教师从不引导社团发展",这也是体育社团管理随意的首要原因。离开了教师的引导,大学生仅靠一时冲动进行社团活动,是无法准确感受社团活动的真正意义的,并且在缺乏引导的基础上开展活动,就会使活动内容深度不够,易造成盲目化。

(三)低端与高端

在改革发展的过程中,高校体育社团的发展速度可以说是日新月异,高校体育社团的数量也呈现出一种琳琅满目的情景。在这个过程中,出现了许多优秀体育社团,它们为高校体育社团的高端化做出了巨大贡献。然而编者在调研中发现,高校体育社团缺乏吸引力是造成大学生不愿参加的首要因素,长此以往就产生了低端内容与高端需求的深层矛盾。首先,活动内容的低端主要体现为丧失活动原有的意义,呈现形式主义与功利主义。形式主义通常体现在"为了活动而活动",许多体育社团的管理方式都是采用考核淘汰,各个社团为了免遭淘汰的命运,形式性地凑满活动数量,虚报活动内容,营造假的生动氛围,每学期都在进行毫无实际意义的形式活动,只看到活动表面的繁华,却不关注活动的实际意义。同时,还存在着对社团专业的掌握不足,个人管理能力缺失以及物质保障欠妥等问题,从而只能举办一些小型体育竞赛,或者就把往年的内容再重复上演一遍,毫无创意。这就会使大学生产生审美疲劳,无法吸引他们来参加。另外,功利主义只是表面好像很灿烂,其实只是一瞬而逝。在开展社团活动时,大学生在面对资金短缺时往往会向外界寻求帮助,尽管这样可以有效地锻炼大学生的实践能力,但也容易造成活动的商业性与功利性,过度的关注效果是否轰动,门面是否高端,这就会使社团活动的原本意义逐渐远离了德育的航线,在不知不觉间被商业赞助者"绑架"起来,使社团活动变成他们的商业展销会与介绍会。因此,社团活动选择社会资金支持时一定要掌控好程度,高校与大学生也要对社团与个人进行有效管理与约束。其次,大学生的需求呈现出新奇性、多样性与务实性。随着大学生对个人素质的要求不断增强,他们既否定对知识的不懂装懂,也反感传统体育教育的模式,这些大学生希望在社会的实践过程中来强化个人价值,渴望在轻松愉快的氛围中使学习效果达到最高。鉴于此,体育社团就成了他们发展兴趣与提高个人能力的有效渠道。通过调研数据可以看出,96%的学生在被问及体育社团参与度为何不高的问题时,有45%的学生认为"体育社团活动缺乏多样性,提不起兴致参与"。简而言之,如果体育社团活动依然保持程序化、机械化以及缺乏实际意义的内容,大学生的参与兴致迟早会消失殆尽,体育社团的教育功能只会沦为"花瓶"般的存在。

三、高校体育社团教育功能发挥的影响因素

(一)多元化的体育文化思想

对于体育文化思想来说,它是一种社会意识与存在的表现方式,而对于多元化的体育文化思想来说,它是全球化格局的客观表现方式。现阶段,随着社会生活水平的不断进步,整个世界已经处于一种变革与发展并存的黄金时期,并且随着全球化进程的不断加快以及现代科学技术发展

的突飞猛进,各国各地区的体育文化思想都在不断进行冲击与融合,这充分反映出体育文化思想在各国的综合国力与软实力方面的地位愈来愈高。体育文化思想的冲击,不仅开拓了大学生的视野与见地,使其在社团活动的内容方面有着更多、更丰富的选择,从而使社团活动拥有多样化与时代化的特征。另外,也容易使一些本身辨识意识较差的大学生的思想意识更为复杂与激进,令一部分社团在开展活动时迷失方向,只片面地强调活动的吸引性,逐渐远离社会核心价值思想,这就为教育工作带来了严峻的局面。不仅不能单纯禁止大学生接近多样性的体育文化思想,也要使他们时刻秉持社会主义核心价值体系的思想原则。鉴于此,这就需要我们逐步完善高校体育教育。因此,在进行社团活动时,高校体育教育工作者既要正确指引大学生了解多样性的体育文化思想,使活动更加丰富性,不断拓展大学生的体育文化见识。也要对多样性的体育文化思想进行"去糟取精",对腐朽堕落的体育文化思想要严格去除,以社会主义核心价值体系来指引多样性的体育文化思想,从而确保大学生的健康成长。

(二)忽视体育社团的作用

从现实角度讲,高等教育在本质上是以培育大学生的分析力、独立思考以及解决现实问题为主要任务的。但是,一所合格的现代大学并不仅仅只有培养大学生的思考能力与处事能力,最重要的是高校的教育功能还可在不知不觉间为了大学生建立起积极健康的价值观念。可是在现实情况中效果并不尽如人意,高校长期对体育社团的教育功能作用重视程度不是很高,在各项资源的扶持方面也差强人意。在教育工作者的传统思维中,体育社团所拥有的教育功能作用永远是处于"次等"地位,而其他专业课的教育功能作用是"主流",这就可以看出高校对体育社团教育功能作用的忽视。另外,尽管一些高校试图以建立高校社团联合会的方式来改变这种现状,但是,社团联合会却在实际情况中不可能与专业课处于相同的地位,其资金、场所以及活动指引等方面仍有所欠缺,这种发展是不平衡的,直接造成了许多素质过硬的社团精英被迫放弃在社团的发展,从而出现人才损失。

(三)社团思想传承不足

随着我国经济的快速发展,物质生活水平与文化水平都得到了显著提高,这也就伴随着高校体育社团的扩大化趋势。在这个社团数量增长的过程中,也出现了许多学生社团"转瞬即逝"的尴尬现象。造成这种现象的主要原因就是因为社团思想的传承有所欠缺。首先,学生社团的优秀管理人才的参社时间较为短暂。经过编者的调研报告发现,目前国内许多高校的主要管理人员多为大二年级,这就反映出体育社团管理人员的参社时间基本是在两年之中。并且,体育社团的成员与核心队伍并没有明显的层次,许多体育社团也缺乏科学的干部培养规划,在这种规章欠缺,管理人员接任不稳定的局面下,体育社团必定会出现较大的变动。以现在的情况来看,许多体育社团由于缺乏社团思想的传承意识,经常就会出现谁想当负责人那就谁当负责人,根本没有考虑到负责人是否拥有能力。并且,许多新任的社团负责人还未充分掌握好社团管理的理念时就大肆改革,这就很容易出现活动内容的"表面工作",长此以往就无法避免社团的衰败。其次,大学生价值观念的矛盾。由于大学生尚处于价值观念塑型期,他们非常渴求得到认可,这就使一些大学生的参社目的只是为了得到教师的欣赏与表现自己。因此,许多学生社团的负责人一上任,就以自己的思想理念对社团进行改革,基本不考虑客观因素,只为打破上任负责人的思想理念,长此以往,社团思想的传承只能是空谈。

第三节　高校体育社团的教育功能构建

积极探索高校体育社团教育功能的构建方式,不仅可为大学生教育工作地进行增加活动内容,也可为其提供源源不竭的动力。高校体育社团教育功能的构建要从三个方面来进行,第一,要对教学理论系统进行丰富完善,使教育功能的发挥有着一个强有力的指引。第二,要对教学载体的管理模式进行创新,使教育功能的效果得到强化。第三,要对教学载体不断深化,使教育功能拥有实效性。

一、高校体育社团教育功能的方向

(一)以社会主义为指引

目前,随着体育文化与的价值观的不断交流与碰撞,大学生在建立体育社团时选择方向的范围也越来越大,尤其是一些社团为了所谓的活动效果而不惜违背社会主义核心价值观,从而使社团方向逐渐偏离社会主义方向。因此,务必不能以社团活动复杂多样作为偏离社会主义方向的理由。社团活动越复杂多样,就越离不开社会主义核心价值体系的指引,通过中国特色社会主义思想来丰富大学生的思想。高校体育教育工作者要时刻秉持一种科学合理、积极向上的教育理念来教育大学生,要时刻秉持一种高尚的道德情感来塑造大学生。

(二)以全面发展为任务

对于高校体育社团来说,它多姿多彩的体育活动无时无刻不在吸引着大学生,同时也对大学生不断进行鼓励,这可以说是一个大学生获得全面发展的良好契机。高校在进行体育教学时,一定要不断对体育思想进行创新,不可把专业课的方法硬性用于体育社团,在发挥引导功能的同时,也要密切联系学生实际,时刻秉持全面发展的理念。另外,高校对体育社团的活动主题不能简单放任,但也不能控制太紧,要以一种引导与扶助并存的理念来对其进行管理。言而总之,即是在整体角度引导社团进行多姿多彩的活动,使大学生获得全面的发展;从局部角度仔细掌控活动内容,把控其方向,使大学生能够在积极健康的体育社团活动中得到全面的发展。

(三)以多样性为特点

从我国高校体育社团的发展历程来看,由于高校体育社团是以培养大学生的全面发展为核心,以不同的兴趣为建社目的,把志同道合的大学生组织在一起为了实现共同的理想,在实际活动中强化自身素养为具体表现的。因此,高校要对体育社团的发展公平对待,使每个社团都能获得科学健康的发展,对那些参与度高的体育社团要给予正确指引,从而使社团的教育功能得到超常发挥。而对那些参与度、热情不高的体育社团要对其进行合理研究,找寻出发展不佳的主要原因,并以此为由制订出适合发展的路线规划。唯此才能体现出全面自由以及多样性的教育理念。另外,高校也要充分挖掘不同体育社团的优势与特色,不断提高高校体育社团活动的品味。

二、高校体育社团管理模式的创新

(一)强化管理力度

新形势下,在对体育社团进行管理的过程中,要注意把核心要点放于社团负责人的管理之上,唯有将"舵"管理到位,才可使得体育社团这艘"大船"在波涛汹涌的航行中更加平稳。社团的负责人是一个社团发展的领头雁,特别是以负责人为代表的一批素质过硬、能力出色的社团管理层,更是体育社团教育事业发展必要基础。在传统的学生干部换届选举时,因为社团的数量往往大于学生会,而管理教师的精力与时间都是有限的,这就必然出现社团的重视度远远不及学生会的尴尬局面,同时也进一步扩大了换届选举的随意性。鉴于此,高校要着重加大对体育社团的管理力度,不断创新管理模式。首先,对社团的换届要改变以往的简单放任管理。根据社团管理人员变动大,流动性强的特征,把社团管理队伍建设当作主要任务来完成,充分做好引导与扶助,加大对体育社团管理人员以及管理队伍的培训,使他们既能够在社团管理中快速适应工作,又可以强化其创新意识。另外,根据各社团种类的不同,高校要针对不同社团的属性对其进行有针对性与高层次的管理培训。其次,加强社团对社团资料的管理力度。一个社团的档案资料,不仅记录了其从创始到现在的发展历程,也是评估一个社团的重要凭据。尤其是一些优秀社团的资料档案,其活动方案与内容更能对下任负责人与其他社团起到良好的借鉴作用。

(二)完善教师管理

一个优秀且富有特色的体育社团活动内容,除了依靠自身的活动策划与方案以外,也无法与指导教师的作用相分离。一个合格的指导教师,既可以积极地预防社团负面风气的滋生,也能够极大地促进社团教育的实效性发挥程度。首先,明确好指导教师的具体工作量。现阶段,许多高校体育社团的指导教师基本是以一种义务性质的使命感来引导社团的发展。这种使命感在短期可能会有一定的成效,但长此以往必定会出现变故。所以,应该对教师指导社团的时间与成效采用核算课时的方式,对表现突出的教师给予其奖励,以此充分提高教师的积极性。其次,完善教师的鼓舞与考核。严惩指导教师"挂空名"的现象,高校定期要对指导教师进行审核,对其社团指导时间与成效进行评估,对那些不重视社团指导工作的教师要适当进行惩罚,对那些社团指导工作表现突出的教师要给予奖励。最后,适度地进行返聘退休教师指导。与青年指导教师相比,退休教师在个人能力与情感方面都拥有着更为丰富的经验,可以有效地从整体角度对体育社团进行教育引导。高校应适度地返聘一些优秀退休教师作为高校体育社团的指导教师,对其权利与义务进行明确。高校体育社团有了指导教师的认真指引,社团的活动方向才能真正掌控,从而避免出现各种负面现象。

(三)突显精品社团的作用

在当今中国高等教育界,高校体育社团的教育功能已逐渐发展为教育工作的一个重要里程碑。高校体育社团教育功能发挥的主要特征就是通过大学生来作用大学生、通过大学生来促进大学生,以此降低大学生对体育工作的误解与排斥。所以,高校在进行社团管理创新时,务必要对精品社团引起重视,切实发挥好精品社团的标志性功能,通过精品体育社团来推动普通体育社团的管理发展,从而强化对体育社团的创新管理。首先,对普通体育社团进行稳固,在这个起点上建立一部分精品体育社团。通过精品体育社团来促进普通体育社团,使普通体育社团在管理方面有了一定的参照物,在对比中寻找到符合自己健康发展的管理理念。其次,积极汲取国内外先进体育社团的管理经验。高校要加大对各体育社团与国内外先进体育社团交流的指引力度,可定期举办有关国内外高校学生体育社团的对话峰会,使各个高校的优秀管理经验能够资源共享,从而使高校体育社团能够健康发展。第三,高校可对精品体育社团的各项资源进行有针对性的整合,按时举办经验交流会,从而使体育社团的先进思想与理念能够得以长久传承下去。

三、高校体育社团教育功能实效性的强化

(一)由学生办理体育社团

在高等院校中,体育社团作为大学生进行自我教育的最宜载体,务必

要充分认同大学生在体育社团管理中的主体地位,唯有在这个基础上,高校体育社团才可得到良性发展。因此在创新社团管理方式上,务必要时刻秉持"体育社团由学生办理"的理念,这就需要高校在引导体育社团教育功能的发挥时,所有工作要以大学生的现实需求为出发点,以大学生的全面发展为基本目标,尽可能地满足大学生的利益需要。同时,还要对高校体育社团进行积极指引,使其迈向正确的轨道,而在具体的指引过程中,也莫要对其采用传统的专制式干涉。要将体育社团当作完成教学目的的有力工具,而非是以此来衡量业绩与政绩的手段。另外,进行高校体育社团活动时,一定要紧密联系生活,将大学生的现实诉求当作社团活动的首要依据,将大学生的认可与接受当作社团活动的主要目标,将社团活动的教育功能发挥当作基本目的,充分做到真正意义上的把大学生装在心里。

(二)人文校园环境的构建

大学生的道德品质不是先天就可形成的,而是在后天的社会实践以及主体与客体的思想运动中逐渐形成与发展的,这是大学生道德品质诞生与发展的本质规律。从这里我们可以看出,大学生道德品质的发展阶段,其实就是在教育与外部环境的作用下,大学生的思想道德、品质意志以及情感认知等内容相互作用与发展的过程。若想使社团的教育功能得到最大程度地发挥,就需要我们营造出一个和谐的人文体学教育环境。高校体育社团从成立到发展成熟,无时无刻不再受到教学环境的影响,特别是受到制度与文化的作用效果更为显著。鉴于此,在强化社团教育功能的实效性过程中,首先就需要营造出一个富有人文精神的和谐教学环境,使教学环境的各个方面能够互相融合与统一,这样,才可使高校体育社团在积极健康的教学环境中得到良性发展。在真正意义上实现高校以自身多姿多彩的社团活动来吸引大学生的注意力。言而总之,在发挥高校体育社团的德育功能之前,首先要做的就是创造一个具有持续性与人文精神的校园环境。

(三)现代传媒的有效辅助

随着信息技术的飞速发展,大学生已经开始被喻为"互联网新人类",

正是因为以互联网为代表的新传媒不断发展成熟,大学生的思想、学习以及生活等方方面面都在无时无刻受到现代传媒的影响。现代传媒技术的便捷与内容的丰富,在一定程度上极大激发了大学生的探索欲与求知欲。因此,若想使体育社团的教育功能得到有效发挥,就需要我们不断更新现代传媒载体,紧随现代传媒时代的发展潮流,充分掌控好现代传媒技术的两面性,营造出一个积极健康的现代传媒教育环境。高校要抢先占领传媒教育的宣传桥头堡。由于现代传媒的互联网宣传拥有隐匿性特征,这就使得传媒教学环境中从一开始就是一个正面与负面信息交锋的"战场",甚至在一些特殊时间内存在着一些扭曲事实的负面信息。鉴于此,这就需要体育社团在校团委的引导下,通过各种现代传媒渠道,对自己的社团理念与社团内容进行大力宣传,尽可能地扩充自己的宣传范围,节约成本,变革传统宣传方法,以此提高体育社团的影响力。言而总之,以互联网为代表的现代传媒使传统的体育社团教育形式正在迈进现代化与科技化的发展轨道,社会主义核心价值观的正面作用和大学生的感召性也以前所未有的态势不断扩大。对此,我们需要以科学与发展的视角全新审视现代传媒这个教育新媒介,时刻坚守教育功能的社会主义方向,不断创新与强化体育社团的管理模式和实效性,为高等院校的体育教学事业发展作出具有时代性的参考,从而开拓出一条全新的体育教育之路。

第五章 高校体育教学与体育文化的融合发展

第一节 体育教学改革中的文化动力

一、体育教学改革中的文化动力方向

(一)体育教学改革中的内向文化动力

内因是事物发展变化的根本原因。体育教学改革中的内向文化动力,具体是指学校体育教学活动中的参与主体教师的文化、学生的文化,以及教学活动中将教师和学生关联起来的体育文化。这些构成体育教学活动的因素,为体育教学的改革提供了根源性、本质性的文化动力。促进学校体育教学改革的动力源是内部文化矛盾,分别表现为体育教师与学生的矛盾,教学目标与教学实际的矛盾。这些矛盾之间相互作用,形成了体育教学改革中的内向文化动力。

1. 体育行为主体的内向文化动力

体育行为主体,即体育教师与学生。在体育教学中,体育教师的主导性与学生自主性之间的矛盾,是学校体育教学改革的重要动力。在学校体育教学中,倡导学生充分发挥自主性,使学生在体育课堂占有主体地位,因此在参与体育学习的全过程中,学生要达到四方面的要求:积极参与体育活动;利用自己的体育知识与经验,认知体育新知识和新技能;将外界体育教育影响同化;能够主动吸收、改造、加工体育知识,优化和组合新旧知识体系。在此基础上,学生可以有效发挥自己的想象力、变化能力以及创新能力等,培养自己的创新性思维。这对学生的自主性提出了较

高的要求,要做到能够独立自主地安排自身体育学习策略,尽可能地自我支配体育学习活动、自我调节与控制体育实践活动,在个性化学习方式和自主学习行为两方面得以体现。需要注意的是,学生学习的自主性,在实际操作中可能会被强化教师主导性的这一举措削弱。因为很多教师的教育观念并没有转变,其对体育教学仍旧抱有传统教学理念,在此理念指导下的教学活动会突出教师主导性,形成教师负责教、学生负责学、教师教学过程是对学生单项培养过程的局面。在传统教学过程中,教学主体是教师,教学过程中的重点是统一性,学生的个体差异性被忽视。在教育改革的大前提下,师生间的核心矛盾不再是单方面的普通矛盾关系,这一矛盾使体育教学呈现出动态性特征,促使体育教学改革持续进行,成为体育教育改革的重要动力来源。

理想的体育课是深受学生喜爱的,在体育运动中能够体验乐趣,能够充分满足学生的运动需求。但现实中,能够积极参与到体育活动的学生较为有限,学生抱怨体育课无聊的声音经常出现。教学中要求教师要灵活运用多种教学方法,但不管教师运用哪一种教学方法,都有可能会有一些学生对一些体育课程接受吃力。尽管教师难以调和此类矛盾,但此类矛盾的积极影响是推动了体育教育的改革。

2.体育教学活动的内向文化动力

在体育教学过程中,体育教学目标既是出发点又是目的地。体育教学目标是学校体育教学设计环节的核心,其他方面的设定均需围绕其展开。体育教师是体育教学目标的制定者,在制定体育教学目标时要注意具体体现其两方面的作用:一是体育教学目标决定着体育教学的方向,二是体育教学目标指导着具体教学过程和活动的方向。另外,在设定体育教学目标时,要注重其重要特征,即灵活性和实用性。在保障当前技术手段和体育教学资源充分利用的同时,还要与学生身心发展相结合,通过定性测评或者定量测评来及时调整体育教学目标。

在开展体育教学的过程中,体育教学目标与体育教学实际在某些方面是不能达到统一的,如教学评价与教学目标的契合度不够。教学评价确切化在体育教学中极为必要,然而要在各项具体化的体育教学目标中一一落实,却无法实际做到,这使体育教学评价过程出现较大困难。如体育道德素质评价就不存在统一的标准,而且道德素质评价也无从下手。由此产生的体育教学目标和教学评价二者间的矛盾无法调和。体育教学目标和教学实际(如教学评价)二者间的矛盾向体育教学改革提出的要求是持续探寻一种平衡过程中的向前发展方式。

(二)体育教学改革中的外向文化动力

外因是事物发展变化的推动力。体育教学改革中的外向动力是物质文化、制度文化和精神文化的提升。我国高速发展的物质文化、制度文化和精神文化推动了体育教学的发展,实现了一定的体育教学的创新与发展。身处网络信息时代,体育教师可以充分利用网络资源,开展视频、音频等多媒体课件教学,更加高效生动地开展体育教学活动。

1. 主要外向文化动力及相互作用

体育教学改革的主要外向文化动力指物质文化动力、制度文化动力和精神文化动力。物质文化是制度文化的基础,制度文化是更深层次的文化。国家提出的体育教学改革,就是制度文化方面的改革,是以物质文化发展为前提的。制度文化的发展改进是为了满足人们两方面的基本需求:

一是社会活动中产生的合理处理人与人之间关系的需求。

二是社会活动中产生的合理处理人与群体之间关系的需求。精神文化是在人们最基本的需求被满足后,超越基本需要而产生新的需求,与文化层面的其他文化相比,内在性、超越性、创造性是精神文化最能体现的。

物质文化、制度文化、精神文化三者相互作用于体育教学的改革。但是三者给予体育课程改革的影响又有不同之处。

当人们处于较低层次的需求时,高层次需求也会随之产生,高层次需求来源于低层次需求。所以物质文化、制度文化、精神文化三者之间,无论是属于高层次需求还是属于低层次需求,其关系是相互联系、不可分割的。精神文化取决于物质文化和制度文化,同时精神文化对物质文化和制度文化具有反作用,这是长久以来形成的人们的共识。

2.外向文化动力内化为内向文化动力

事物的内部因素与外部因素互相作用,相互转化,促进了事物的发展变化。体育教育改革的文化动力是由体育教育的内向文化因素与外向文化因素等多种相关的文化因素之间的众多矛盾,共同作用而形成的。体育课程改革的文化动力由动态平衡到内化为内向动力,经过是复杂的。

由上述可知,多种文化因素共同组成了体育教学的文化动力,当其被多项作用力共同作用,出现动态平衡状态时,体育教学就可以实现稳定发展;当出现"震荡"状态,就要求展开适当调整,即体育教学改革就必须进行。然而体育教育改革想要一蹴而就也是不现实的,它必定是一个持续发生的过程,需要伴随在各种文化动力的发展变化而持续适应与调整。

体育教学改革的文化动力源头是多种文化动力因素间矛盾的相互作用。当内向文化矛盾与外向文化矛盾处于互相作用的情况下,而体育教学被不对称的信息流打破平衡,不能正常交流时,体育教学改革才能汲取动力顺利进行。分析体育教学内向文化和体育教学改革的关系可知,前者产生的矛盾是后者的主要矛盾,是主要动力;后者是次要矛盾,次要动力。但是要促成一件事物的发展变化,既要抓住主要矛盾,又不能忽视次要矛盾。体育教学改革具有复杂性,在统筹全局抓住重点关注内向动力的同时,也不能放松对外向动力的关注。

体育教学活动,为体育教学改革中各外向文化动力提供了舞台,是其内化为内向动力的主要方式,对体育教学改革的成功与否发挥着重要作用。体育教学外向文化动力内化为内向动力的持续作用,伴随着体育教学改革进程持续进行。

二、体育教学改革文化动力因素分析

体育教学改革的文化动力因素,主要来自内向文化动力因素和外向文化动力因素两个方面。

(一)内向文化动力因素分析

学校体育教学改革内向文化动力因素主要包括体育教学活动中的体育行为主体即体育教师和学生、体育教学目标、体育教学内容、体育教学方法、体育教学评价。

1.体育教师

教师不仅传道授业解惑,同时还担负着思想道德的教育者这一职责,体育教师能在很大程度上推动学生身心健康成长。作为学校体育文化主体之一的体育教师在教学中的作用:

一是根据实际情况来设计体育教学。

二是向学生传授相关的体育知识与经验。

三是组织各项与体育教学相关的活动。

四是对学生的体育学习活动产生引导作用。

优秀体育教师具备扎实丰富的基础性知识,属于基础性知识的主要内容包括政治理论、政治时事、政策知识、人文社会科学知识、生物学相关知识。对这些知识的合理应用是体育教师高效完成教学工作的基础性条件。

在具体体育教学过程中,体育的地位、本质功能、一般规律、一般特性、教学目的、教学任务、教学规律、教学特点、教学原则、教学方法等都属于体育教师需要首先掌握的。除基础性知识以外,体育教师教学能力还体现在其专业知识和专业技能方面,体育教师还需熟练掌握与运用各运动项目的基本理论、动作技术、动作战术、规则、裁判方法、教学与训练原理、教学与训练方法等。

体育教师在体育教学实践中,不同学生心理素质差异性很大,要通过自己掌握的与体育教学相关的原理和方法充分结合学生心理特征,灵活运用多中教育方法与教学技巧,高效传递理论知识与体育技能,进而使学生的综合素质得到本质提高。体育教师需要拥有素质教育的教育思想与观念,还必须不断更新自身的教学观、人才观、学生观以及教育质量观。只有这样,教师才能更好地服务于体育教学,促进体育教学改革。伴随社会的进步发展,对人的综合素质提出了越来越高的要求。体育教师要想更好地服务于体育教学,不仅要掌握必需的专业知识,还需积极掌握和体育相关的知识,如体育管理学、体育人类学等,只有持续拓宽知识面、丰富知识结构,才能不被体育教学改革淘汰。也就是说,优秀的体育教师,不仅具备扎实的文化知识与高超的体育技能,而且具备较高的个人素质和崇高道德品质。具体表现在三个方面:

一是热爱学生,公平对待每个学生,因材施教,促进学生全面发展。

二是严于律己,以身作则,保持为人师表的自律性,在细枝末节处给学生以积极影响。

三是爱岗敬业,有乐于奉献精神。拥有这些优良品德的体育教师是体育教学改革的参与者、直接推动者、是关键的内向文化动力因素。

2.学生

作为学校体育文化主体之一的学生,在体育教学活动的全过程中占据着关键地位,是教学活动的对象。在深化体育教学改革的过程中,在教学对象即学生方面出现了以下特点。

一是学生的成长需要体育教学保持进步性。在体育教学过程中不难发现,学生的身心特点有显著的差异性,发展高度参差不齐,逐渐形成或已经形成自身思想意识和独立人格。在此情况下,如果体育教学课程适当、教学方法合理,学生就能够将自身积极性发挥出来,自主参与体育教学活动接受塑造和教师协同完成特定教学任务。然而上述的"如果"在体育教学课堂通常很难实现,学生自身的各种特性增加了体育教学的难度,但是也正是由于学生在体育教学活动中表现出来的成长所需的体育教学要保持的进步性,推动了体育教学不断改革,进而使学生持续变化的需求得到更好的满足。

二是教育的目的需要学生保持超越性。教育极为重要的目的是培养与激发学生的潜能超越自我。而学生要求对自我的不断超越就成了体育教学改革的最大动力。由此可知,学生对自我超越的需求是体育课程改革的关键性依据,如当学生掌握体育教学标准要求的目标之后,将不再满足标准,而渴望更高、更快、更强。学生不仅是体育教学改革的重要参与者,还是体育教学改革的参与主体之一,也是体育教学改革的一个重要内向文化动力因素。

3.学校体育教学目标

学校体育教学目标是在学生实际参与的和体育内容相关的教学情境中,对最终学习成果的预期标准。学校体育教学目标的制定者是体育教师,是开展具体体育教学活动的重要依据,具有灵活性与实用性的特征。针对具体的教学过程和教学活动,体育教学目标既是体育教学活动的依据又是标准,而且对体育教学活动的开展还具有导向激励的功能。

体育教学内容丰富多样,有常见的体育运动项目,也有与体育保健有关系的知识与技能。正确合理的体育教学目标极为重要,它表现在四个方面:

一是为体育教师面对特定教学内容选择适当教学方式提供依据。

二是界定教学内容。

三是针对教学内容提供导向。

四是为教学内容提供有价值测评。体育教学目标影响与制约教学内容和教学活动的一些原则。

在具体实践中,体育教学内容结构形式、体育教学组织形式、体育教学具体实施均会受到体育教学目标的影响与制约。如教学活动组织的严谨程度与方法会因为体育教学目标的高低程度不同存在很大的差异性。体育教学目标是体育教学评价的基础性标准。体育教学目标是评价体育教学价值与效果的关键依据,体育教学管理部门通过系统性、客观性评价体育教学的结果,能够得到有效数据与结论,体育教学管理部门可参照具体评价,对体育教学指标展开调整,推动教学水平进步和学生之间的适配性,从而推动体育教学改革。

在具体的体育教学活动开展中,学校体育教学目标有导向激励功能。首先,体育教学目标在体育教学活动中具有指明方向的作用,但是其设定必须与时代同步。社会在迅速发展,时代的要求有时会领先于课程和教学目标,体育课程实际发展情况和课程与教学目标之间的矛盾也必然存在,要解决这一矛盾体育教学改革也必须逐步深入。其次,体育教学目标在体育教学活动中有激励功能,虽然并非每个学生均能达到设定的体育课程教学目标,但是体育教学目标能鼓舞学生不断超越自我,还能不断推动体育教学改革的进程。

4.学校体育教学内容

学校体育教学内容是指教育者参照教学的系列要求,多角度总结前人在体育与教育方面的经验,遵循教育原则,在多项体育技能理论中挑选来的体育知识和技能。选择教学内容时将实现体育教学目标作为最终目的,将体育教学活动的学生作为分析对象。因为体育教学内容对教师和学生来说是二者间交流的媒介,对二者间的信息交流、教学的效果与质量起着关键性的作用。总体来看教学内容的合适与否,对体育教学改革有重要影响。具体来说,能否合理制定教学内容有以下几点参照。

一是形式教育与实质教育指导下的内容选择。体育教学应将培养学生多项能力摆在重要位置,同时努力发挥学生的主观能动性,不应当只注重学生单项技能与知识的学习,这是形式教育的方式。

体育教学的教学内容在形式教育与实质教育上存在很多差异性,然而形式教育与实质教育相互竞争、有形成互补关系不可替代,共同推动了体育教学改革的深化。

二是科学主义与人文主义指导下的内容选择。体育教学的主要内容是自然科学知识,身体锻炼是参与体育课的唯一价值,数据是衡量身体锻炼的唯一标准,这是科学主义教育的观点。科学主义指导下,体育教学内容的展开过度重视"科学",忽视了学生心理在体育教学中的位置,有一定的不足。人文主义教育的观点则是:将培养学生情感、态度、价值观视为教学过程的重要环节,把培养"完整的人""自我实现的人"放在首位。在此观点指导下的教学内容缺点是,与前者相比可能导致学生身体素质、运动技能、运动技术稍弱。

不可否认,科学主义和人文主义的持续争论与竞争,深化了体育教学改革。

5. 学校体育教学方法

体育教学方法是指体育教学活动中教师教与学生学的多个方式、途径和手段等方面的总和，也是体育教师和学生二者间行为关系的总和。体育教师灵活的运用多种教学方法，师生间的密切配合，是教学活动顺利进行的保障，单方面运用教法或学法都是不可取的。

学校体育教学方法的选取与运用离不开教学目的与教学实践的参照。任何学科的教学方法，均需将教学目的作为出发点。体育教学方法数量众多，体育教学方法得到应用的重要原因是要达到体育教学目的。要使教学方法得到本质创新与丰富，就要密切联系教学实践。时代的发展与进步，使社会形态、各项技术以及教学理念等均得到了持续改善，随之教学方法在不断创新的道路上越走越快。这些因素都成了促进体育教学改革的直接内向动力因素。

科学技术的发展与改革对体育教学方法的发展与改革产生了巨大影响。运用计算机系统，师生立足于不同侧面、不同速度、不同部位的动作分析和研究成为现实，大幅度提升了教学质量，这一背景下很多崭新的体育教学方法相应产生。计算机科学被广泛普及于体育教学中，促使越发标准和科学的动作示范出现，搜集与整合相关资料更加便捷，学生学习的空间与时间限制被弱化，实时性信息沟通变成可能。为紧跟社会发展节奏，充分满足学生体育需求，体育教学内容一直处在发展与变革中，体育教学方法由此产生。当前，体育教学中课堂教学有一定延伸，大量加入定向运动与野外生存两方面的内容，因此体育教学活动的野外组织与教学方法的开发范围也更加广泛。

在体育教学改革中，体育教学方法的影响比较隐形，但也不容忽视，只有充分借助教学目标或者教学内容，体育教学方法的影响才能得到有效的发挥。

6. 学校体育教学评价

教学评价是对教学目标达成程度较为精确的确定，是对教学效果和教学质量的测评。教学评价的变化是引起体育教学改革的因素之一。体育教学评价的变化包括以下三个方面。

第一方面是教育质量观之间的对立。观点一：体育教学只有在知识储备足够的前提下，学生才能获得新知识或者构建知识体系，体育教学评价以学生掌握的学科知识为基准。观点二：教学评价要依照每个学生的认识、情感、兴趣、意志、品质等方面的实际情况来展开，把学生视为在特定阶段自我实现的人。体育教学评价模式受不同教学质量观的制约和影响，而不同的教学质量观相互协调，使体育教学改革不断推进。

第二方面是个人本位和社会本位之间的冲突。个人本位思想是：要将学生个体的发展需求放在重要位置，训练目的是使学生实现自我，不是使学生成为社会工具。社会本位思想的观点是：服务社会是教学目的，应当以社会需要为依据对学生进行改造。个人本位思想和社会本位思想间的竞争从未间断，体育课程评价常常在这二者间摇摆偏移，这在一定程度上为体育教学改革提出了要求。

第三方面是教学规律和社会发展之间的矛盾。体育教学具备其特定规律，对体育学科规律的重视，引发了教学规律和社会发展间的矛盾，例如有时会使对学生、社会以及职业的有益知识技能被排除在体育课程体系外。在我国，由于对其他国家教学理念的学习，使体育教育理念领先于教学实践，如此，教育规律和实际发展情况二者间的矛盾越发显著，使我国体育教学评价体系处于不明晰的状态。

以上提到的对立、冲突、矛盾致使体育教学评价处在变化之中，体育教学的其他方面也会随之发生变化。由此可知，在体育教学改革中，体育教学评价也在关键性因素之列。

(二)外向文化动力因素分析

体育教学改革的外向文化动力因素主要包括社会文化、教育文化、体育文化，这三者分别对体育教学改革有不同的外在影响。

1.社会文化

社会文化是由社会各个领域和多个层面共同构成的。整体社会文化对某一领域某一层面的文化有促进或者阻碍的作用,这也促使某一领域或者某一层面的改革和进步。教育和社会的关系密不可分,学校体育文化从一定角度来看,是社会文化的一个领域、一个层面。对于整个社会的文化传承来说,教育属于关键性手段,学校体育文化不可或缺。我国社会文化的重要内容是群体价值,而如今体育教学倡导重视学生个性的发展。由此,如何使学生个性得到充分发展而又符合社会文化的要求,为体育教学改革提出了要求。

2.教育文化

当前在教育文化的观念中,爱国主义教育、集体主义教育、社会主义教育占有重要地位,这是我国教育的根本立足点。但是体育教学中保有传统教育的影子,重视以传统的教学方法,传授知识技能,而忽视了学生的个性发展,这一矛盾推动了体育教学改革。

3.体育文化

在欧洲体育诞生的萌芽时期,欧洲各国的学校就出现了各种形式的体育运动,体育运动诞生之后,成为世界各国学校不可缺少的教育内容。体育文化是在体育教学过程中产生的,而体育运动是在体育教学文化指导下由游戏和竞技活动演变而来的一种身体运动方式。体育运动之所以能够广泛传播,其根本原因在于其本身的价值,体育的教育价值寓于体育运动之中。

三、体育教学改革中的文化动力的特性

体育教学改革中各个文化动力之间表现出的动力,既有其个性又有其相互作用的特性。具体来说就是:动态突变性、方向层次性、协同差异性。

(一)动态突变性

社会不断向前,社会文化、教育文化不断向前发展,所以体育教学始终处发展变化之中,使体育教学改革的文化动力拥有动态性特征。不同文化因素在动态的彼此作用和彼此影响下,使得体育教学改革也持续

向前。

　　文化动力的突变性是在文化动力的动态性基础上实现的。文化动力由动态量变达到质变，发生突变。体育教学改革的文化动力的重要反映是体育课程内部体系，人们难以察觉、关系复杂的突变现象所呈现出的"突变性"。在体育教学的实践活动中，当这些促成体育教学改革的文化动力被我们注意到时，突变已经处于完成状态。

(二)方向层次性

　　文化特有的性质，决定了体育教学改革的文化动力具有方向性特征。方向性是开展体育教学改革的指导性依据。例如满足学生自我超越的需求是当下的重要目标，所以体育教学改革会围绕其展开。层次性特征是指，存在于体育教学改革中的动力方向的作用不同，包含内向动力与外向动力两种，其中内向动力为主要动力，外向动力为次要动力。另外，体育教学改革过程中不同文化均会呈现出层次性特征，表现出其对改革的不同作用力。

(三)协同差异性

　　不同文化动力因素间相互协调，致力于推动体育教学改革的发展，这就是各文化动力因素间的协同性特征，它广泛存在于各项文化动力因素中。内向文化动力或者外向文化动力内部，各个要素既相互竞争又相互合作的精神会被不同文化因素在学校体育教学的改革中表现出来。各文化动力对体育教学改革的影响各不相同，这是文化动力因素差异性表现。文化动力因素会根据时期和领域的不同，而出现很大差异性，如体育教学目标的设定受社会文化的影响，在大力发展竞技体育的阶段，体育教学的竞技化特征明显。

第二节　体育教学中体育文化的传承

　　人类长时间的体育运动实践是体育文化形成的基础条件。体育文化在形成的过程中表现出其自身的特征。体育文化是人类拥有的诸多文化财富中的一种，在体育教学的实践中，必须把发展起来的体育文化传承下去这一任务放在重要的位置上。

一、体育教学中学校体育文化理念的转变

(一)树立终身体育教学理念

实践证明,积极转变体育教学理念尤为重要。单方面将提高在校学生的身体素质作为目标的教育理念,会忽视终身体育与体育教育的长远效应,学生走出学校迈向社会后难以持之以恒。而秉持推动学生全面发展的体育教学理念,就是将提高学生身体素质设定为长期目标之一,将培养体育意识与体育心理等放在突出位置,结果是令人满意的。个体终生参与体育锻炼与接受体育教育之和,即终身体育教育,这一理念在现代体育教学中的作用十分重要。

学校体育课程设置的改变也反映出学校教学理念的改变,将符合学生实际需求的选课形式作为体育教学结构的基础,这是我国学校体育教学理念改革的重要表现,也是发展学校体育文化的趋势,更是学校体育以人为本宗旨的充分体现。体育教学领域终身体育能力的培养是体育教学的一项重要指标。学生的体育能力水平不仅影响其自身的学业成绩,还对其终身体育能力产生重要影响。终身体育能力的培养需要合理的引导,体育教学改革就是要建立在对其能力具有引导意义的指标体系框架内,完善其制度,使其有据可依。学校体育教学以终身体育为目标的教学理念,形成内外环境条件的配合,最终达到学生内在学习动机和外在学习策略对其终身体育能力培养的双重保证,进而完成学生独立思考能力和创新能力的培养目标,为学生提供未来独立学习、适应社会等方面所需要的技巧和能力。

人类在个体的不同成长时期和阶段都应当密切联系自身实际需求,积极接受体育教育,参与和自身情况相符的体育锻炼,并坚持不懈才可以实现预期的锻炼目标,这是终身体育思想的体现。终身体育思想的目的主要包括两个方面:一方面是使个体在不同人生阶段坚持学习体育知识与技能,同时积极参与体育锻炼;另一方面是合理衔接个体不同人生阶段的体育需求,为实现完整、连续的体育教育提供保障。

(二)实践终身体育的教与学

在实际生活中,人们应将把自身实际情况和体育锻炼内容与方法有机结合,根据自身变化来对锻炼内容和方法进行合理调整,树立终身体育意识。具体来说:

一是终身学习者获得体育锻炼的途径和方式,应是体育教师在体育教学中传授的。

二是体育教学应是让学生掌握特定锻炼方式和多种体育锻炼方法的相关技能,具备快速搜集和运用体育锻炼方面的最新消息的体育自学能力,从而养成良好的体育锻炼习惯和创新意识。

三是体育教学应该多方面调动学生体育运动的主观能动性。

终身体育从不同角度看可以分为以下两个方面。

一是学校教的方面。终身体育是将目的与途径设定为体育系统的整体化、科学化,向学生个体传递各人生阶段和不同生活范围加入体育锻炼的终身意识的实践过程。学校是学生接受正规系统教育、健康教育时间最长,形成正确体育、健康观的最佳时期和场所。完善的体育学习对提高学生的体育创新精神和实践能力具有重要作用。学校应切实提高体育教学的效益,发挥体育根本价值功能,让学生真正感受到体育的乐趣和作用,从而为培养学生的体育意识、体育能力、终身体育习惯打下基础,让体育切实为学生服务。

二是学生学的方面。个体在其一生中持续参与体育活动,实现提高身体素质和促使身心健康的目的。学校体育教学、各项体育文化活动的开展对学生体育技能的学习起到了积极的推动作用,但是学校体育教学的开展过程中也存在一些问题需要改善。教师的"教"与学生的"学"脱离,成了教学过程中两个分离的环节。要加强学生自主互动学习方法的应用比例,扩大学生自主练习的空降和时间,增加练习密度并加强交流,激发学生自主学习的主观能动性,提高学生体育兴趣,加强学生体育理解力,达到提高学生自主学习能力的目的。学生自主互动学习方法的课堂设计,要以学校体育教育的规律为基础,创新学生自主学习方法,构建行之有效的自主教与学的互动模式。

二、体育教学中教师教学模式与内容的变革

(一)变革体育教学模式

打破传统体育教学模式的限制,在体育教学中只有充分发挥学生的主观能动性,学生的主体作用,教师的主导作用,才能使学生的体育文化水平达到质的飞跃。在体育教学过程,体育教师要保持良好的情绪状态,使课堂环境达到轻松、快乐的氛围,才能有效调动学生参与互动的主观能动性。要想达到师生良性沟通的目的,只有转变体育教学的模式,以学生为主体,才能实现有效对话和双向理解,师生间才能具备和谐的关系。学生有向体育教师学习某方面体育知识和技巧的积极意愿时,教师要持续调整自身态度,努力使师生关系更加融洽,推动体育课堂教学顺利开展。

在体育教学的实践过程中,教师同时具备教学者和管理者两种角色,提升教学质量的基础性条件是管理好课堂。体育教师对体育课的主要管理工作包括分组、建立课堂规则、给学生做思想政治工作、激发学生学习积极性、灵活运用教学手段、控制运动密度和强度、正确使用场地设施、及时做好安全防护措施、规范师生服装等。

对于体育教学的开展因材施教是极为必要的。在体育教学的实践过程中,应当开展学生选修课,促使学生在对体育运动项目选择时充分结合自身爱好;同时针对身体素质有待提高的学生,应当对其提出限制选择项目的指导和说明。在体育教学过程中,体育教师应指导学生认识自身实际,深入理解体育文化,再结合预期要达到的目标,对运动项目做出最为合适的选择。

(二)变革体育教学内容

体育教学在备课、选择和确定具体体育教学内容之前,应当对学生现阶段身心特征以及体育水平进行深入了解。要有效的发挥体育教学内容对学生身心发展的促进作用,离不开体育教师的正确指导。因此,体育教师要对学生的学习过程进行良好引导,使教学内容成功转化成学生需要的内容,并且让学生认识到教学内容的重要性,只有这样才能将教和学融合起来,推动教师和学生共同进步。由此可知,教学内容的正确选择,对

学生学习体育知识、提高身体素质、养成良好运动习惯均具有积极影响。体育教学内容不仅在体育教学中占有重要地位,而且在体育教学的全过程中具有关键性作用。科学的体育教学内容在使学生德、智、体、美、劳全面发展的同时,还能保持学生的个性特征。科学合理的体育教学内容是师生间联结的良好纽带,能够强化师生的信息沟通。要想更好地适应时代发展的需要和学生自身发展的需要,就要在选取体育教学内容时遵循学生的成长规律和体育教学自身的特点。

三、体育教学中学生对体育文化的传承

体育素养是当人们学习和掌握体育知识、技能之后,形成的正确的体育认知、体育价值观以及待人接物的态度等。从整体角度进行分析,当学生的体育素养提高后,可以推动学生多方面发展,为传承学校体育文化奠定坚实基础。学校体育教学的作用有四点。

一是使学生的综合素质得到本质提高。

二是使学生的体育素养得到本质提高。

三是使学生身体健康水平得到提升。

四是使素质教育的良性发展得到有效推进。

动态性是传承体育文化的显著特点,传承是延续体育文化的重要条件,传承体育文化的载体是人。体育文化的传承从本质上讲属于人的创造性活动,所以传承文化和发展文化的最终结果取决于人的素质。由此,学校体育文化在被传承的全过程中,传承人扮演着关键性角色,只有传承人不断提升自身综合素质,充分发挥自身潜质,汲取各方面的优秀成果和经验,才能将体育文化精髓充分掌握与吸收,从而更好地传承和发扬。

(一)认识学校体育传统,树立终身体育观念

体育文化的发展和传承贯穿学校体育发展的全过程。可以说学校体育是传统体育文化和现代体育文化发展的基础。学校体育教育中的足球、篮球、网球、体操、健身、健美等体育项目吸引着最普遍的爱好者,我国传统体育文化也在学校体育领域逐渐占有重要位置,越来越受到学生的欢迎。传统体育项目中导引、气功、武术、太极拳等动静结合,修身养性的

体育文化在我国学校教学中源远流传。学校体育传统与现代协同发展，实现了学校体育文化的推广和普及。

学校体育文化是一所学校区别于另一所学校的文化特质之一，是该校在体育办学方针、办学成绩、领导作用、学校体育风气等方面的综合反映。学校体育传统是学校体育文化得以延续和发展的基础。一个置身于学校体育文化中的人，从他生活在校园之中的那一天起，就处在一定的学校体育传统包围之中。学校体育传统本身就是一个浓重的体育文化氛围。学校体育传统作为一种文化模式的具体表现，要经过相当一段时间的积累、积淀而逐渐形成。它所形成的学校气氛能使群体各个成员产生归属感、安全感和自豪感，并使生活在这种环境中的各个成员不断调节自己的心理和行为，以利于和学校体育传统保持一致，同时得到群体的肯定，实现文化整合。

学校体育教学有助于引导学生养成良好的体育习惯，激发学生对体育运动的兴趣、爱好，并养成良好的体育习惯，从而树立终身体育观念，使体育成为其生活中一个不可缺少的组成部分。因此，学生在体育课堂内外要自觉地接受学校优秀体育文化传统熏陶，而能较快地适应新环境的要求，改变原来不适应学校体育传统的行为与习惯，发扬和传承学校的优秀体育文化传统。

(二)培养体育欣赏能力，提高体育活动的参与度

体育欣赏能力是培养学生自身体育兴趣的基础。体育运动除了其显而易见的益处即能有效地增强体质，健全人体各种生理功能，塑造自身矫健、强壮的人体外，还有其特殊的感染力。随着体育文化的发展及其内容的不断丰富，体育的文化内涵越来越多、精神阵地和艺术色彩越来越丰富，体育潜移默化地感染、熏陶着人们。体育竞赛观赏也成为向青少年实施审美教育的特殊途径和有效手段。因此，在学校体育教学中，学生们除了注重锻炼自身的体质及体育技能外，还要注重培养自身对体育艺术的欣赏能力和审美情趣。

培养自身的体育欣赏能力，首先，要了解体育竞赛观赏的原则，体育运动中存在大量的美，且由来已久，学生要在体育竞赛观赏过程中加深理

解,就必须弄清体育运动中的真、善、美及其相互关系,把握其联系和区别,这样美的形象才会鲜明地展现在我们眼前。其次,要掌握正确的体育竞赛观赏方法。由于体育运动中包含的因素异常丰富,为提高自身观赏多样的体育运动、加深对各竞技项目特点的理解,学生就要培养学习体育的自主意识,将整个运动形态加以分类,揭示体育运动中美的一般规律,最大限度认识各项目对人体健美的效益,提高自身对体育的观赏效果和审美情趣。国外学者分析了运动美的要素,主要包括实践性(灵敏性、速度、节奏)、空间性(幅度、高度、重量)、坚韧性(强度、激烈、顽强)、精致性(巧妙、准确、均衡)、愉悦性(华丽、热爱、惊险)、优雅性(柔和、流利、高尚)。学生可以以此为鉴,有意识地培养正确欣赏体育竞赛的方法,从而激发对体育的兴趣,进而提高自己对体育活动的参与度。

从另一方面来说,学生通过观赏体育竞赛,能培养自我的体育精神。赛场上的运动员,在受了伤的情况下依然坚持比赛到最后,即使他们没有获得名次,他们坚强的意志也成了体育运动宝贵的财富。这增进了学生对体育精神的理解,从而提高对体育的兴趣,甚至其不屈不挠、顽强拼搏的体育精神对自身综合素质的培养产生重要的影响。

(三)传承学校体育文化,实现终身体育目标

学校体育作为大众体育的重要组成部分,积极探索适合我国民族传统的体育教学是学校体育改革的方向。当今高校的体育教学不是一个封闭式的教育,体育教学有时会外延到与社会体育团体的合作,学生对体育的学习不仅限于实际的课堂和校园内部,体育内容和形式的多样性,为学生参与体育活动提供了多种选择性,但是同时对学生的选择能力提出了要求。学生应该在正确认识学校体育传统和有足够体育欣赏能力的基础上,有效地传承学校体育文化,同时在终身体育观念的指导下积极参与体育活动。学生还可以积极发挥自己在体育方面的创新思维,比如组织一些学生自己举办的竞赛活动:街头篮球对抗赛、太极演练等,利用自身的影响力,激发周围学生的体育兴趣,从而为传承学校的体育文化贡献自己的力量。

第三节　体育教学与体育文化的融合

体育教学要与学校体育文化融合发展才能更好地发挥作用,这在很大程度上是由学校体育文化的功能决定的,而其二者融合的方式也是多种多样的。

一、体育教学与学校体育行为主体文化的融合发展

体育教学是实现学校体育目标的基本形式,是对学生进行有目的、有组织的教育过程,是学校体育文化的基本组成部分。体育教学在培养学生终身体育意识和锻炼习惯这一目的主线上,应提倡传统体育项目的开发和本地区民族体育的挖掘与教学,增加体育项目的趣味性、文化独特性。体育是教育的重要手段,是学校课程体系中的重要组成部分。学校体育教育对培养学生的体育意识、体育能力、终生体育习惯、健康意识有举足轻重的作用。体育是健康生活方式的基石,是促进健康的载体,是提高人的生命和生活质量的重要基础与保证,体育学习对学生的发展具有多方面的价值。通常来说,学校体育教育是受教育者接受体育教育时间最长的一个阶段,是形成正确体育观的一个导向台,达成体育目标的载体。学校尊重并力图实现每位学生公平参与各项体育活动的权利。在实际教学过程中,学校和教师要对各项体育活动、体育竞赛活动进行全力革新与完善,充分挖掘和发挥体育活动、体育竞赛活动的价值和功能。在安排各项群体活动项目时,以学校实际情况作为重要依据,传统项目与重点项目优先安排,妥善加入一些激发学生运动主动性的体育活动和竞赛项目,同时还要兼顾活动的可执行性以及提升运动水平的目的性。

对于体育文化节的举办,将其开展范围锁定在学校内,要将学生放在主体地位,充分发挥教师的主导作用。春秋两季气候适宜体育活动,所以选择在春秋两季开展的运动相对较多。通常情况下,体育文化节会维持两周时间,学校特色和所属地域不同,文化节内容也会存在着很大差异。体育文化节应当同时包括很多类型的项目,进而带动学生参与的积极性。

开展学校体育文化节,不但能让学生深入认识体育文化,还能让更多学生参与到传承和弘扬体育文化的队列中。对于体育文化来说,学校文体活动能够使其在学校范围内传播得更加广泛,学校应当积极开展体育文化节活动。

在进行具体的体育教学安排时,要有所侧重,要将不同类型的运动会项目均匀安排于整个学年中。对运动会等大型体育活动展开统一安排和规划,将学校教育计划、气候变化、国家法定节假日以及项目数量等众多因素全部考虑到。尽量把学校大型运动会或大型竞赛活动安排在每年的同一时间,使其成为学校特色与传统。除此之外,教师要时刻谨记学生的主体地位,重视发挥学生的积极性,解放其学习方面的天性。在学习过程中,学生不仅要主动参与其中,而且要积极带动其他学生的主动性。

二、体育教学与学校体育物质文化的融合发展

体育课外活动组织形式相对于课堂活动富有变化、具有灵活性。体育课外活动组织形式灵活的根本原因在于其性质。由于学生间存在着巨大差异,所以固定不变的体育活动形式是与实际相违背的。因而,要想使学生群体的不同需求得到满足,积极调整和变换运动形式是十分必要的。因此,校内体育俱乐部活动受到了广大学生的欢迎,学生可以参照自身在体育方面的优势和喜好加入。校内体育俱乐部导向性明显,体育活动的最终效果好,当前受到越来越多学生的欢迎。目前,单项俱乐部与综合俱乐部是学校体育俱乐部的两种重要形式。

这就需要结合学校的场地器械、学校综合师资水平、现有体育优势等。在管理校内体育俱乐部时,应当专人负责与管理,密切结合本校体育工作的整体规划与各项具体计划,进而科学确定体育活动的各项目标、具体运营方式、具体人员安排等多个方面。与此同时,在筹集经费、合理分配和安置体育场地和体育器械方面也要做好相应工作。

学校在体育物质文化方面还要加强体育社团网站的建设。理想的社团网站,不但对不同社团的组织结构完善状态有相对客观的反映,而且能够在很大程度上推动学校体育文化的发展进程。但现实情况是,我国大

部分大学体育社团没有建设专门网站或网页,这样就会降低大学体育社会的影响力,可能难以吸引学生的参与。

三、体育教学与学校体育精神文化的融合发展

变革体育教学理念、创新体育教学体系,是融合体育教学、体育、体育文化的基础性途径。学生不应将获取学分作为参与体育课的唯一目的,体育教师要将体育教学终极目标向学生说明清楚。学校要积极推动体育课程改革的整体进程,将部分注意力放在培养学生树立终身体育意识方面。在大学三年级和大学四年级时,可以适当加入某些休闲体育运动项目,使学生持续参与体育锻炼,进一步巩固或者加强学生的体育精神文化意识。

健身功能、修身功能、养心功能是民族传统体育的主要功能。因为民族传统体育将文、武有机结合,所以可将民族传统体育作为人数较大人群的教育方式。把文化内容深层次融入教学方式与教学功能中,从理论上讲更容易实现学生身体全面发展,推动中国体育教学不断向前。在体育教学中加入民族传统体育的元素还对建立良好的学校体育文化特色与传统有促进的作用,很好地实现了与学校体育精神文化的融合发展。

四、体育教学与学校体育制度文化的融合发展

在我国大力变革和发展学校体育的情况下,高校有关部门和领导必须将强化学校体育文化建设置于重要位置,同时也要解决时代变迁向体育文化发展提出的各项新要求。一般情况下,学校会建立系统性极强的相关制度,采取各种措施,使学生参与体育课外活动的主动性得到高效激发。

在体育教学中,学生参与体育课外活动、完成体育活动规定的某些任务、达到学校体育终极目的,也是学校向社会输送全面发展人才的一个目标,还是学生身心发展的客观要求,这就需要相关制度的保驾护航。

作为构成学校文化的一个部分,学校体育制度文化,是关于体育一些细化制度的制定,它对高校发挥学校体育文化的文化价值具有举足轻重

的作用。如在全国各类高校,基本具备学生体质健康标准、学校体育工作条例等国家下发的成文制度。然而对实际情况进行分析,国家下发的这些成文规定在多数情况下属于理想状态之一,绝大多数高校在学校体育方面有长时间规划,但关于学校体育文化管理机构建设等方面的完善的制度化文件尚未形成。换句话说,制度化和规范化的局面只存在于大学体育的某些方面。学校体育制度文化是体育教学顺利进行的保障之一,二者也在融合中动态发展共同进步。

第六章　高校体育教学中
传统体育项目与体育文化

第一节　健美操与体育文化

　　健美操是一项融体操、舞蹈、技巧、音乐为一体，以有氧练习为基础，以健美为特征的体育运用项目，练习者在明快的音乐节奏中进行全身各关节、部位有节律的运动，在欢快的音乐旋律中使身心健美。健美操能给人们带来热情、奔放的情感体验，符合现代人追求健美，自娱自乐的需要，而且它的运动负荷和难度可以自由选择，对场地、器材条件要求不高，练习起来简便安全，深受广大专业学生的喜爱。因此在学校体育教学中，我们要重视加强健美操的教学。

一、学校体育教育与健美操

（一）健美操的分类

　　根据我国健美操运动的发展状况和未来的发展趋势，按照不同的任务，健美操运动可分为健身健美操、表演健美操和竞技健美操。中等专业学校中采用的是健身健美操。其中包括以提高心肺功能，改善身体有氧代谢能力的有氧操，练习肌肉控制，改善不良姿态，培养良好气质风度的形体操，以保持肌肉外形，防止肌肉退化为主的力量操，以及踏板操、水中操等。

（二）健美操在运动项目中的价值

　　健美操是根据人体解剖学、运动生理学、体育美学等多科理论，为使人体健康、健美的发展而编排的。它是在音乐伴奏下进行的身体练习，其动作内容丰富、形式多样，美观大方，有一定的旋律和节奏，可以恰当的表现出音乐的特色，动作的力度等。健美操运动不仅能有效地发展学生的身体形态、身体素质和身体机能，还可以陶冶情操，培养正确的审美观和良好品质，对于磨炼学生的意志、增强信心、提高心理水平，具有非常重要的作用。要求学生不能机械地完成动作，而应有节奏、有旋律、有感情、有表现力，并创造性完成动作。

(三)通过健美操教学可以调动、培养学生对体育课的兴趣

要培养学生对体育课的兴趣，首先要让学生对体育课有一个正确的认识，选用学生感兴趣的体育教学老师，长期以来受传统习惯和应试教育的影响，部分学生和家长对体育课有些偏见和误解。他们以为上体育课就是玩，上与不上体育课无所谓，加上体育教学内容重复，难度过大，以及少数教师经验少，教学方法呆板单调，导致学生喜欢体育，却害怕上体育课的现象，为此，应向学生明确指出只有"体格健壮，肌肉丰满，体形匀称，充满青春活力，才是真正的健美"。一个健康的人应该是道德高尚，心理健康、体质良好、体能全面的人。为达到健康的目的，可以通过体育锻炼来获得。

美的事物对学生具有强烈的吸引力、诱发力和感染力，当体育教师展示健美的形体和规范优美的动作时，就会引起学生自觉或不自觉的赞赏和模仿，同时对体育课也会产生兴趣，这无声的魅力会产生潜移默化的作用时，就会引起学生自觉或不自觉的赞赏和模仿，同时对体育课也会产生兴趣，这无声的魅力会产生潜移默化的作用，使体育课收到事半功倍的效果。音乐是健美操的重要组成部分，好的音乐能强烈震撼人的感情，将听众引入美妙的艺术境界，借用好的音乐，会产生意想不到的特殊效果。

健美操音乐多取材于迪斯科、爵士、摇滚等现代音乐和具有上述民族乐曲，具有鲜明的现代韵律感，节奏鲜明强烈风格热烈奔放，符合处于青春发育期的学生身心发展特点，在体育教学中，老师把健美操作为重要的体育教学内容，通过健美操优美的旋律，舒展发放的动作，刚劲有力的节奏，优美的造型，形成有强烈感染力的音乐氛围，激发学生的情感，提高学

生的积极性,增强学生参加体育活动的兴趣。

(四)强化音乐的素养教学,全面提高学生的素质

在健美操的教学初期,就得让学生接受音乐教学,从准备部分开始,教师就得有意识地用音乐启发学生,例如音乐启动,教师随音乐节奏踏步,在此基础上逐步变化一些简易动作,学生跟练,这样,日积月累,学生就形成用耳听音乐,用眼看示范的一种全身心运动的教学方式。在教学中,教师要不失时机地运动口令、提示及体位语言,纠正错误动作,鼓励学生积极投入,教学中我们不只是机械的教会学生几个动作,更重要的是通过音乐的旋律来调节学生的身心及情感体验,将动作融汇与音乐之中,从而不断提高学生的音乐素质,进一步增进学生的身心健康。在音乐的选择上要结合所授课内容有目的的选用,同时给学生讲解有关音乐背景及欣赏提示,以便激发学生对动作的创造热情。

(五)正确选择与确定健美操教学内容

健美操教学能否实现预期目标,在很大程度上取决于教学内容的选择,应选择符合专业学校生身心发展特点的教学内容。在健美操教学内容的确定上绝不可照搬文艺界或体育健美专业训练那一套,而应遵循系统性、教育性、科学性、可行性、实用性与趣味性相结合的原则,立足与促进学生身心健康协调发展,按照一定的顺序,有步骤地进行教材的层次分类,不同年龄有各自的教学内容,在动作的难度安排上,采用由易到难,由简到繁,由静到动、动静集合的阶梯式排列,按姿态操、舞蹈操,节奏操的顺序进行教学,从基础开始,使学生通过有序的学习,更快地掌握技术,发展能力,教学中要求学生不仅要学会跳健美操,而且还要根据所学的编排知识,结合掌握的一些动作素材,进行健美操的创编。

(六)健美操教学中应重视学生的自主能力的培养

健美操的动作设计不拘一格,编排方法灵活多样,教学中主要教给学生健美操的运动思想和锻炼方法,实践中及时提醒和积极引导学生在身体的参与中用心灵体验,在流畅自然,刚劲有力,形神兼备的动作练习和优美明快的音乐伴奏中感受轻松愉快和动感的韵律,逐步培养学生在练

习中具有良好的精神风貌和洒脱大方的动作风度,同时积极支持,热心鼓励学生在体现健美操健、力、美精神实质的基础上大胆设想,推陈出新创造动作,从而突出学生的主体地位,逐步培养和激发学生的主观能动意识和创造性思维。

二、健美操课对学生身心健康的影响

心理学家发现,学生的心理危机绝非少见。美国心理健康研究所所长戈德温博士指出:"那些条理性强.学习效率高,对未来充满美好期待的学生易产生忧郁心理"。实际上,他们处于一种竞争激烈的环境之中。当他们一旦遇到某种挫折,就意味着对自己那种"高标准、严要求"目标的否定,心理发展还不够成熟,社会经验不够丰富又使他们往往难以找到可以倾诉和求援的知心朋友,使负面情绪难以排解、因而更容易发生心理危机。学生的心理危机很容易在学习上、生活上造成严重影响所以对于大学生来讲,要警惕自己可能发生的心理危机,不断进行自我调整显得尤为迫切。加强健美操运动是比较好的释放心理压力良好方式之一。

(一)高校阶段学生的特点

1.高校学生体形特点

低年级高校学生已经经历了人生最后一个生长发育的高峰期,身高、体重、胸围、肩宽、头围、骨盆等外部形态已逐渐转入缓慢发展阶段。骨骼已基本骨化并坚固。在此年龄阶段,由于性激素的作用,肌纤维变粗,向横径发展。肌肉中的水分逐渐减少,蛋白质、脂肪、糖和无机物含量逐渐增多。肌肉的横断面,肌肉重量和肌肉力量都明显增加,接近成人水平。男女学生在外部形态上出现了明显的差异,男生变得喉结突出,声带加宽,发音低沉,肩部增宽,胸部呈现前后扁平,须毛丛生,显得壮实。女生胸部突出,声带变长,嗓音尖细,臀部增大,肢体柔而丰满。这些特征的出现,表明生理发育已逐渐成熟,能承受较大的负荷,为担负繁重的脑力和体力劳动,适应各种困难的环境变化,为心理素质的健康发展,奠定了物质基础。

2.高校学生体机能特点

大学生的心脏,在形态结构和功能作用上均已达到成人水平。对绝大多数男女生来说,心脏系统是可以承受各项激烈的体育锻炼活动的。个别人出现高血压现象,那是由于青年期之前,心脏发育速度加快,血管发育处于相对落后的状态,加之内分泌的影响,有的收缩压接近 20 千帕,而且有起伏状况,舒张压则保持在正常范围,这种现象称为青春期高血压,随着年龄的增长和身体内环境的协调平衡,这种现象会自然消失。大学生的呼吸系统已接近和达到成人水平,青年初期心肺的结构和机能迅速生长发育,呼吸频率逐渐减慢,呼吸深度相应增加。

3.高校学生心理复杂多变

当代大学生大部分从小娇生惯养,由于家长忙于事业对孩子的教育引导较少,所以使之心理较为孤僻。养成了自私、好强、无团队意识、盲目等心理特点。高校学生心理健康成了社会关注的问题,老师和家长尤为重视。严重主要表现为强迫、偏执。高校学生的心理问题复杂、多变,具有独特性。其引发原因多种多样。在具体处理过程中应全面细致地分析其诱因,以便对症下药,迅速有效地解决问题。

一是环境、角度的变化引发心理冲突。

二是学习压力造成的焦虑心理。

三是人际关系不良导致情绪及人格障碍。

四是爱情引起的情绪困扰。

五是就业压力造成的心理压力。解决这些压力和问题运动是很好的方式,其中健美操运动更加适合艺术院校的高校学生。

(二)健美操运动对学生身体健康的促进作用

1.塑造形体美

"形体"分为姿态和体型。姿态即从我们平时的一举一动表现出来的行为习惯,受后天因素的影响较大。而体型则是我们身体的外形,虽然体育锻炼可适当改善体型外貌,但相对来说遗传因素起决定性作用。良好的身体姿态是形成一个人气质风度的重要因素。健美操练习的动作要求和身体姿态要求与我们日常生活中的状态要求基本一致,因此,通过长期的健美操练习可改善不良的身体状态,形成优美的体态,从而在日常生活中表现出一种良好的气质与修养,给人以朝气蓬勃、健康向上的精神。

2.提高生理机能

增强脏腑功能,健美操不管动作难易,基本上有有氧操、垫上运动、放松整理等几个部分。经常做健美操可使心肌收缩增强,心肺输出量增加,提高供血能力,提高大脑的思维能力和全身新陈代谢,提高呼吸系统的机能水平。使学生在学习过程中思维敏捷、快速。通过髋部运动,可增加肠胃蠕动,提高消化系统的功能;还能有效地减少臀部和腰部脂肪的堆积,全面提高人体的健康水平、有氧运动协会研究表明,健美操对学生有许多特殊益处,如健美操可使学生激素的分泌规律化,对生长发育期产生显著的影响。调查显示,经常做健美操运动的年轻人,在智力方面、反应速度等方面都有很好的促进。健美操提高身体素质体现在动作频率快,跳跃运动较多,运动负荷较大,因而消耗身体能量多,有利于消除体内多余的脂肪;可有效地训练身体的正确姿态。由于健美操运动是在节奏鲜明的音乐伴奏下进行的,会使人朝气蓬勃、忘却疲劳,在不知不觉中提高了身体素质和学习效率。

另外,健美操是具有艺术性的运动项目,长期练习,可以增强韵律感和节奏感,提高音乐素养,从而提高认识美、鉴赏美、表现美和创造美的能力,尤其是艺术院校的学生本身就有很好的音乐和舞蹈基础,还可以提高他们对体育课的兴趣。进行健美操练习时,应该注意下列几点:

一是锻炼要持之以恒,也是对自身优良品质的培养。

二是循序渐进地增加运动量,开始练习可选择一些简易动作,以后逐步使动作由易到难。同时运动量大小要适中,逐步加大运动量。要按照适应——提高——再适应——再提高的规律上升,才能不断提高人体机能水平。

三是注意动作规范和姿态动作规范是指做动作时应达到的技术要领,姿态是身体的外表要求,两者有不同之处,但又密切相关,练习者应从开始就要求头正。颈部、上下肢要开、要直,幅度要大等,否则,久之就会形成不良的姿态及错误的动作定型。

(三)健美操运动对高校学生心理健康的促进作用

目前我国的全民健身已成为热门研究领域,健美操运动与心理健康的关系也日益受到广泛关注,但我国在这方面研究才刚刚起步。由于缺乏对国外理论实践的了解、认识和评价,研究普遍带有盲目性和重复性。积极参加体育活动,不仅能强身健体,同时还可以调节和促进心理健康的观念已成为现代体育观的一个重要标准。体育活动的"双重功效",正被越来越多的现代体育科学研究所证实。事实证明,大部分积极参加健美操活动的学生其心理健康水平明显地高于普通大学生的水平,这即说明健美操活动对心理健康的促进作用十分显著。

1.高校学生心理健康的评价标准

多年来,人们对体育教育存在一种偏见,认为体育课只与躯体健康有关,健美操运动也只是减肥运动。事实上,高校体育教学界结合大学生的实际情况,对大学生的心理健康标准形成如下共识:

①智力正常。

②情绪稳定。

③了解自己。

④良好的人际关系。

⑤心理行为符合年龄阶段。

以上五个方面当然不能将高校学生心理健康标准全部概括,但它们无疑是心理健康问题中应有之意。

2.健美操运动对高校学生心理素质的影响

(1)健美操运动可以锻炼大学生的意志品质

第一,健美操运动促进完善自信心的形成。自信心是自我价值的表达,是自己成功胜任能力的确信,同时,也是对自己能力的评价标准。在健美操锻炼中人体形态美是体现学生表现力的基本条件,"形体"分为姿态和体型。良好的身体姿态是形成一个人气质风度的重要原因,通过长期健美操锻炼,学生的身体形态得到了改善,也相应掌握了一些训练知识、技能和生理解剖知识,当取得这些成绩后,个体就会以自我反馈的方式传递其成就信息于大脑,从而产生自我欣赏的认识和情感体验,增强自信心。

第二,健美操运动能锻炼顽强的意志。人的意志的两个特征分别是"具有自觉目的"和"克服困难相联系",健美操运动有一定的强度,学生在心理和生理上都承受很大负荷,这就需要他们既要克服内部各种障碍,又要克服各种外部障碍,逐渐增强坚忍不拔,持之以恒的意志品质。

第三,健美操运动能提高心理适应能力和心理稳定能力,在健美操锻炼中,学生在大众人群中进行练习。其形式多种多样,通过分组、个别练习、比赛和测验,让学生在特殊的氛围中感受一定的心理压力。有研究表明,不同的运动项目对人心理品质的培养也不完全相同,像体操、健美操等个人表演、比赛的项目,可以培养人的顽强性、勇敢、自我控制能力、提高对环境的适应能力。

(2)健美操运动能提高高校学生的能力

第一,健美操运动培养学生的创造力美国一项研究表明,在需要有创新能力才能完成的任务时,受过良好培养与训练的学生成功率大于没有受过良好培养与训练的学生。健美操融音乐、舞蹈、体育健身为一体,系统训练对开发人的创造性思维会有帮助。

第二,健美操运动提高人的注意力健美操节奏明快,动作灵活多变,小关节动作多,不对称的动作多,节奏多,变化多多变化的练习可以培养人的注意转换。经过健美操训练的学生,上课时注意力容易从课外事物转移到课堂,也较集中、稳定。

第三,健美操运动增加人际交往和合作的能力。在紧张的学习生活之余,换一下轻松的环境,对消除疲劳和恢复体力是十分有益的。每个人都离不开他人,因而有交际的需求,健美操的练习形式是许多人一起练习,必须存在着人与人交流的问题。

健身活动是与心理健康有着密切关系的,他们之间互相影响,相互制约。所以,在健身活动中,应抓住心理健康与健身操相互作用的规律,利用健康的心理来保证健康活动的效果,从而利用健身活动来调节人的心理状态,促进心理健康,使人们都认识到健身活动与心理健康的关系,这有利于人们自觉参加全民健身活动并以此来调节心情,促进心身健康,从而积极投入全民健身计划的实施纲要中去。

三、如何更好地发挥健美操课程的作用

(一)合理安排健美操运动提高身体素质

健美操运动使学生的保持健康的体形和体态,以及良好的身体素质,更有利于其他课程的学习。拉丁健身操来源于国标中的拉丁舞,但不强调基本步伐,对动作的细节要求不高,注重运动量和对髋、腰、胸、肩部关节的活动。拉丁操自由随意、热情奔放、节奏明显。它的锻炼侧重于腰和髋部,同时使大腿内侧得到充分锻炼。根据学生身体形态的特点,合理的安排健美操运动对于改善和提高其身体机能有着重要的实际意义。健美操运动是"减脂"的良方之一,在大量消耗热量的同时,又能使体质得到了增强。

(二)加强耐力、力量锻炼,改善和提高生理机能

健美操是根据人体基本生理机能,将人体的基本身体素质,如柔韧性、协调性、力量和耐力等与舞蹈在强劲有力的音乐伴奏下完成动作的运动。健美操具有一种向上、充满青春活力的动感和美感,并且运动形式符合健康和美学原则。它能够在较短的时间内获得健美标准的体格。由于健美操多是在跳跃下完成动作的,所以运动强度较大,它是一种有氧训练。健美操是以促进身体健康为主的一种运动。它是将身体的基本动作:如"走、跑、跳"以及身体各部分的简单摆动,组合成"操化"的一种练习。

(三)进行心理调节,改善心理健康状况

健美操课堂中,在音乐的伴奏下进行身体锻炼,使练习者感受到愉快的情趣,从而调动人的精神力量和体力,培养和帮助人们进入一种最佳的心理状态,并产生向往和追求美的心理趋势。体育课中练习更加方便,从而为生活开辟了另一个天地,共同学习、相互帮助、共同提高,培养学生团

结协作及集体主义精神。

通过对健美操有利于学生健康分析,让大多数学生能够很清楚地了解和认识自己身体和心理需要。健康机体对每个人来说尤为重要,因此学生应有针对性地选择适合自己特点的练习内容与方法。通过这篇文章还让学生认识到健美操能增进健康和形体美功能,缓解精神压力,娱乐身心功能,医疗保健功能等。

(四)提高健美操课程在体育课程中的地位

健美操是一项对场地、器材没有严格要求的运动项目,并且适合各类人群。目前,我国很多体育课程中开设了健美操课,但是也存在对健美操课的重要性认识不够的问题。有的学校的期末考试有健美操课,有的学校则没有。健美操这种新颖多变的体育运动形式,对于激发学生锻炼的积极性,促进学生的健康成长有着非常重要的作用。因此应当提高健美操课在高校体育课程中的作用,增加健美操课的比重,提高体育教师的健美操水平,营造一个良好的学习健美操,重视身体锻炼的氛围。健美操运动不同于其他运动项目,没有严格的场地器材要求,适合各类健身人群。

(五)多举办跟健美操相关的活动

1992 年,中国大学生体协健美操艺术体操分会也在北京成立,这是我国高校健美操运动发展的新阶段,同时也说明了多举办相关的活动是有利于推动这一体育运动的发展的。因此,如果要更好地发挥健美操课程在高校体育课程中的地位,各高校就应当在了解学生需求的基础上,尽量多举办一些跟健美操相关的活动,如健美操设计、健美操比赛等体育协会要支持健美操的发展,也应当支持高校的健美操活动,帮忙举办一些以健美操为载体的高校联谊会等。

四、高校学生如何科学的进行健美操锻炼

(一)健美操锻炼前的准备活动

健美操锻炼之前,首先,要进行热身运动,其目的是使健身者从生理和心理上作好充分的准备,使机体从平静的抑制状态逐渐过渡到兴奋状

态,为即将进行的较为剧烈的身体活动做好各种准备,从而提高机体的工作效率,预防运动创伤。热身时间的长短、活动量的大小应根据天气情况而定。通常情况下,热身运动的时间一般为 10～15 分钟。

(二)健美操锻炼中的负荷问题

高校学生进行健美操锻炼的最终目的是取得最佳的锻炼效果。从生理学角度看,只有适宜的负荷刺激才能达到增强体质的目的。因此,科学地确定适合于自己身体情况的锻炼负荷,是获得健美操锻炼效果的前提。

(三)健美操锻炼中的保健问题

通常,学生在参加健美操运动前,应进行身体的全面检查,并要重点检查心血管系统的机能。不允许发烧或患有感冒的人参加运动,以免加重病情。而对于有患有心脏病、糖尿病等疾病的人,在锻炼时要慎重,最好征求医生和老师的意见,酌情确定自己锻炼的起点。

(四)健美操锻炼后的放松活动

放松运动是健美操的内容之一,不是可有可无的。运动后的整理和放松能使人从运动到停止运动之间有一个缓冲、整理的过程。人体在激烈运动时,能量消耗是很大的,需要摄取大量的氧,如果突然停止运动而不做整理活动,这不仅会影响氧的补充,而且会影响静脉血的回流和心脏输送量,造成一时性的脑贫血、血压降低等不良现象。所以运动后的整理和放松是十分必要的。

高校学生处于身心全面发展的最后阶段,只有全面地掌握健美操的基本常识和特殊要求才能更快、更好地掌握健美操运动技术,达到真正的锻炼目的。

1.现阶段健美操课程设置及出现的问题

(1)课程设置概述

课程设置是教育计划的核心,它具体勾画出实现培养目标的"蓝图",是把教育目标与教学实践结合起来的桥梁,课程设置主要由:课时安排、课程开设顺序、课程时间分配、考试考查制度和实施要求几部分组成。

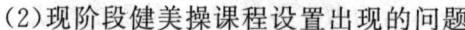

（2）现阶段健美操课程设置出现的问题

①本科阶段与研究生阶段课程内容雷同

健美操的课程内容设置从大学本科到研究生"大众健身套路一跳到底"，全国推广的健美操大众等级套路成了学生们健美操课堂上唯一的学习内容，简单一贯，整体划一的教学内容，导致健美操应有价值的丧失，如休闲、健身、娱乐价值等。这样的情况导致学生们对健美操课程的兴趣的丧失。

②课程设置结构存在的问题

课程设置结构与培养目标不符。前高等院校的健美操课程设置与其教育目标之间的矛盾比较突出。健美操教育总的培养目标是：掌握基本健美操步伐套路，基本乐理知识，具备一定的健美操创编能力和欣赏能力。但从实际来看，课时分配少，课堂内容更多地注重基本套路模仿，基本不涉及编排的内容，使学生丧失了创编的能力和机会。

③课程结构时代性不强

各高校的健美操课程设置都趋于一致，缺少针对本校特点的独有课程，而且课程设置更新速度慢，未能够站在学科发展角度对教学课程进行及时优化和改进，很多课程的教学内容陈旧。

2.现阶段健美操课程设置出现问题的原因

（1）体育思想意识淡薄

大多数学生对体育运动的态度表现为冷漠，缺乏对体育的认识，对于老师课堂教授的知识只是简单的接受，没有进行深层次的加工和再认知，学习体育知识和体育技能的能力非常薄弱。

（2）学生兴趣项目的选择

从调查结果中分析看到，自我肯定是当代学生的心理特点，他们希望从体格、体质、性格等方面发展自我、表现自我、健全自我、提高自我，而体育运动恰恰是实现此种目标的有效手段。但因为当代学生缺乏基础的体育知识与技能，没有掌握科学、有效地锻炼方法，在他们心里因此会产生各种各样的担心与焦虑,如担心自己盲目锻炼会导致形体的丑化,担心参加体育运动会使自己身体肥胖,因而在心理上会对体育锻炼产生误区,学生们需要走出误区,正确的认识体育锻炼的价值与意义,在体育课堂中学到对他们的身心发展有积极作用的知识与技能,对学生们身体素质的提高与个性特点的发展能够起到积极的作用,奠定学生的终身体育意识。

(3)师资力量的薄弱

健美操师资队伍的职称比例、学历比例、基本上未达到国家规定的大体要求,高校师资队伍的年龄结构倾向于年轻化,此方面符合健美操项目的年龄结构需求,使师资队伍的专业化发展具备了一定的可塑性也可以看到其中师资队伍的性别结构、学缘结构等存有不合理现象,如其中女性教师数量比例较大,学历结构趋于单一,大部分教师长期被封闭于一种封闭的教学环境中,外出学习的机会非常少,高校健美操教学内容的发展与改革受到了严重的束缚与羁绊。

3.优化健美操课程设置方案

(1)加强对学生的体育思想教育

第一,加强学生终身体育能力的提高。努力使学生们在获得体育知识与技能的同时,又能练就一两项突出的,学生自身钟爱的体育项目作为自己的终身体育项目,培养学生正确的体育观和审美观,养成独立锻炼、正确自我评价的习惯与能力,增强学生运用体育环境和条件的能力等,使学生能在自我参与过程中,获得自身的发展;第二,人们能够坚持终身体育的第一动因往往有赖于运动兴趣的培养与锻炼习惯的养成。体育教师在指导和组织学生进行健美操课程学习活动时,应充分地引导与激发学生对健美操运动的兴趣,使学生在内心深处真正的喜欢健美操,接受健美操运动。教师无论是在讲解、示范,还是组织教学等各个教学环节中,都要注意激发学生的学习兴趣,调动学生参与的积极性,向学生提供能够充分展示自我运动才能的舞台,使学生真正感受到健美操运动对自身身体素质与技能提高的实效。

（2）教学面向全体学生，因材施教

面对全体学生时，每个学生个体之间的天赋与性格存有着巨大的差异，因而学生个体表现出来的能力与特点也不尽相同。教师在面向全体学生进行教学时应充分分析考虑每个学生的个体差异性，因人而异，因材施教。开设多种类型的课程，让学生自由选择喜欢的项目进行学习与训练，使学生各自发挥自身优势，激发出学生的学习兴趣，健美操课程的教学才能够达到事半功倍的效果。

（3）提升高校健美操师资队伍的业务水平

提升师资队伍业务水平，一方面应重点培训培养年轻教师，使年轻的体育教师成长为健美操教学的中流砥柱；另一方面聘请专业的高水平的健美操教师定期为年轻的高校健美操教师进行指导与培训，分层次分级别的举办健美操师资培训学习班，还可以经常开展在岗教师经验交流会、报告会等学术技术交流活动，改善现有师资队伍的知识、能力结构，达到提升其业务水平的目的。还应注意加强健美操教师的业余培训，如定期组织各个高校的健美操教师进行业务学术交流，定期组织开展各级各类的健美操比赛，激发教师、学生对健美操的教学、学习动力，还应同时注意培养与提高健美操教师的体育科研能力，使健美操教师养成用理论指导实践，用理论提升教学效果的能力与习惯。

4.案例启示

（1）各级学校体育教育管理部门应充分考虑学生现有水平的实际情况和个体差异性，大胆改革健美操课程教学内容，开展设置若干组具有特色的健美操课程，在能够满足学生兴趣需要的同时，又能促进学生身体素质与心理素质的整体发展。

（2）各个高校应加强体育师资队伍的建设，提升相关专业教师的业务水平，教师自身也应加强其专业综合素质，来提升健美操课程的整体品位，激发学生的学习兴趣，满足学生的高标准课程质量的需求。

（3）以社会需求为导向。教育的发展，学生就业模式也有原来的包分配转化为双向选择的方式,双向选择已经成为学生就业的主导渠道。高校院校的学生以社会需求为导向,加强自身素质的提高,强化全面发展思想,紧紧跟上社会上对专业技能需求的变化,促进就业。

第二节　瑜伽与体育文化

瑜伽运动是一项老少皆宜的健身运动并以其自身的魅力被越来越多的学生所喜欢。随着校园文化建设的不断完善和深入,瑜伽作为深受学生喜爱和欢迎的一种新型体育运动项目,以健身、健心、减压为目的,成为校园体育文化的重要组成部分,在促进学生全面发展,形成终身体育意识方面具有重要的作用。

一、高校学生体育教学中的瑜伽运动

随着瑜伽课程在我国的普及与盛行,我们要充分认识到瑜伽运动对学校体育教学的重要意义,并采取措施不断完善瑜伽教学体系。这对促进学校体育的改革与发展,实施素质教育,培养学生良好的体育意识具有重要的意义。

(一)瑜伽运动对体育教学的意义

第一,瑜伽可以减轻学生的心理压力:据研究发现,瑜伽最为明显的作用就是可以减低学习者内心的焦虑情绪和压力。瑜伽具有稳定自主神经,减低压力与消除精神紧张,达到心理安定、情绪增进的功效。瑜伽通过缓慢均匀的深呼吸,促使练习者安定心情,而且,瑜伽类似于渐避式肌肉放松训练,而这种训练的目的是放松个体的神经、肌肉,为一种降低压力处理方式,它的操作过程如同自我暗示训练的方法,通过放松身体来达到心理状态的放松。如果引导学生进行瑜伽运动,通过冥想训练引导学生学会舒缓情绪,协调心理状态,使其逐渐走向成熟。

第二,瑜伽有助于学生的形体塑造。瑜伽的每一动作都强调腹式呼吸,可使横膈肌得到锻炼,其力量的增强使得吸入肺内的氧气增多,加大肺通气量,从而提高练习者的心肺功能:瑜伽练习还可以增强人体免疫力,对感冒病症的免疫及御寒能力的强化也有显著的效果。

第三,瑜伽运动可以丰富体育教学内容。瑜伽是一项时尚的运动方式,讲究"身心合一",不受限于年龄、性别与体质健康状态。它伴随着优美的音乐进行,非常容易调动学生的参与运动的积极性。为体育教育增加了新的教学内容,为体育教学注入了新的活力,是高校体育适应当代学生需求和加快体育教学改革的需要。

第四,有助于终身体育观念的培养。为了使体育教育与终身体育有机地结合,体育强调在发展各种能力的基础上注重兴趣培养和养成自学锻炼的习惯,让学生在学习期间掌握一种或几种科学锻炼身体的方法为其终身体育服务。瑜伽由于不受年龄、性别、健康状况和原运动基础的限制,每人都可以参与,运动强度自我调节,达到不同锻炼的需要。而且不受场地设备的局限,兴趣持久容易做到终身不辍,终身受益。瑜伽运动的动作融入了体操和舞蹈艺术,简单易学,再配以舒缓高雅的音乐,人们在平稳心灵中获得了身体也得到了充分锻炼。高校学生练习瑜伽,有利于培养学生终身参与体育运动项目的良好习惯。

(二)如何完善加强瑜伽教学体系

第一,优化师资力量,改善教学环境。教学前,瑜伽教学老师应当主动参加专业的瑜伽课程培训,通过较正规的学习掌握完整的瑜伽技术,提升自己的能力,培养良好的职业道德和职业素养。重视与学生之间的沟通交流,了解其想法及学习过程中遇到的问题。在自身知识水平提高之后,要注意选择正确的瑜伽教学方法。比如语言教学法、直观教学法、纠错法等,以此来提高整个教学活动的质量。瑜伽教学对于学习环境要求相对宽松,但瑜伽教师仍需要通过教学机制改善教学环境,提高教学效果。例如,教师应当多搜集一些悠扬、舒缓、与瑜伽练习十分契合的音乐资料,并经常更换,防止学生因为"厌听"而"厌学";另外,炎热夏日,教师还可以带领学生来到校园一角或是大自然中,使其与自然亲和的状态下进行瑜伽练习,教师通过这些方法,改善了瑜伽教学环境,促使学生更加积极地投入瑜伽的学习中来。

第二,调动学生的积极性,端正学习态度。学生是教学活动的主体,关系着整个教学活动的顺利开展。瑜伽运动项目对于学生的身心发展都有积极的益处,教师应当从这一点切入,使学生真正"看到""感受到"练习瑜伽的好处,提高他们对于瑜伽学习的热情。教师可以根据学生要求,引导他们在一定时间内认真参加瑜伽训练,并以实际的效果使他们更加热爱瑜伽这项运动。同时,学生要调整自己的心态、端正自己的态度,积极配合教师进行教学活动,认真学习,以锻炼身心为最终目的。要学会享受学习的过程,不能急功近利。要多了解瑜伽的相关知识,课上真学习,课后多加复习、练习,方能达到锻炼的效果,使自己在瑜伽学习过程中收获更多的东西。

二、学生参与瑜伽运动的动机分析

(一)高校学生参与瑜伽运动的动机

据调查而知,高校学生参与瑜伽运动受外界干扰比较少。根据这一总体特征,我们可以看出作为高校学生群体,他们对瑜伽有着较高的认知与良好的学习状态,并对瑜伽练习寄予了非常高的期望,想要通过此练习手段获得身心的锻炼和满足。比较求知、体验刺激和完成得分情况,求知最高,完成得分次之,体验刺激。最后,外部调节方面,统一化得分最高,说明其参与瑜伽运动很大程度上是处于自身的需要,内投得分接近中间分,体现出当前学生对自我身体形态和社会交往的足够重视,外在调节得分在外部动机得分中最低的原因基本上可以解释为当前高校学生有着较为成熟的思想意识,受周围环境影响比较小。

(二)不同层次学生参与瑜伽运动的动机比较

据调查得知,研究生对于瑜伽的主动参与程度高于本科生,说明其参与意识较本科生主动,但是其外部调节得分高于本科生,说明其参与动机受外部影响高于本科生,这一现象的主要原因是研究生参与瑜伽运动会有更多的外部动机。弱化研究生得分明显高于本科生,说明研究生对于自我的这种参与认可程度并不高,这一点很出乎研究预料。在本研究初始的预料是研究生有着更为成熟的想法和明确的选择需求,因此会在动机弱化方面得分低于本科生。产生这种现象的原因是多方面的,最主要的原因可能会是研究生有着更为多的社会经历,在这些社会经历和忧患意识都会影响其对未来自己行为的认可程度。

(三)大学生参与动机特征与整体得分状况的比较研究

体育院系的大学生的动机弱化趋势很明显,说明其对自己是否可以很好地坚持和完成瑜伽运动抱有很明显的怀疑态度。究其原因,不是他们完成得不好,只是作为体育专业人士对自身的要求比较高,还有就是对未来职业的不确定性的焦虑。其他学院大学生得分情况低于整体得分状况,说明其对参与瑜伽运动很自信、积极,也很看好未来自己在这方面的发展。据调查得知,体育学院的学生参与瑜伽运动有着很强的主动性和目的性,其他学院学生虽然也乐在参与,但内部驱力稍欠缺。体育院系的大学生外部动机得分明显高于平均水平,说明体育院系的大学生参与瑜伽运动受外部环境影响比较大,这或许和其将来从事的职业有关系,最为明显的就是考虑到将来和体育关系密切,为将来工作打基础,另一方面瑜伽对参与者的柔韧、灵活度、受耐力等有绝对的促进效果,很多体育院系的大学生正是借此机会提高自身的身体素质。其中其他院系大学生较整体水平没有特别明显的不同。

(四)不同学历大学生参与动机特征与整体得分状况的比较研究

研究生参与瑜伽运动较本科生受外部环境影响比较大,不是完全的处于自身对瑜伽运动的乐趣和自我的满足感,这或许跟研究生高度的学习和工作压力有关,很大原因就是将其作为一种缓解疲劳释放压力的一种手段。本科生得分较整体女大学生得分明显较少,说明本科生参与瑜伽练习受外部环境影响较小。据调查得知,研究生较本科生有着较强的内部驱力,说明他们内心深处更渴望接触、参与、了解、学习瑜伽运动,目的性很强,本科生则相对来说没有很强的内驱动力,得分也略低于总体得分。

(五)参与瑜伽运动人群的学历特征分析

通过和俱乐部管理人员和会员的交流,得知这主要是和俱乐部管理人员所属院系(体育科学学院)及俱乐部初期的宣传有关。但参与人员基本上可以代表大学校园大学生的不同群体,保证了本研究结果的有效性。据调查得知,参与瑜伽运动的大学生中间,有近60%以上的是研究生,这可能和研究生学业压力和单调枯燥的生活有关系,因为瑜伽运动对人们的生理、心理、精神、情感等各方面都能起到良好的作用,瑜伽的锻炼价值在于它能平衡人体的神经系统和内分泌系统,从而影响到人体的其他系统,达到整体的平衡,本科生少的可能原因是本科生有着丰富多样的课程和活动,加之本科生年龄小,比较好动,所以很少会把注意力集中在静力性拉伸为主的瑜伽运动。体育院系人数占绝对优势,其他学院次之。

高校中的研究生群体参与内部动机很高,综合考虑动机等得分可以推断出该群体参与瑜伽运动有着很明确的学习导向,但也易受外部条件的影响,结合其他的研究结果可以推断出主要是由于瑜伽本身的锻炼价值所在,建议在高校中给研究生开设瑜伽课程,满足其学习和锻炼需求。高校本科生参与瑜伽内部动机和外部动机得分都不高,说明其本身对瑜伽运动的需求不是很强烈,也不易受外部环境的影响,所以在本科生中间开展瑜伽课程意义不是很大。作为与瑜伽运动有直接关系的体育学院学生,内部动机、外部动机得分均高于整体得分,说明在体育院校内部开设瑜伽课程是绝对必要的。但是动机弱化得分也明显高于整体水平,说明体育院校学生参与课外瑜伽运动的这种心态是很复杂的,一方面是受各方面因素影响,积极主动的参与瑜伽运动;另一方面又对自己现在和未来能否完成和坚持瑜伽运动持否定态度,出现这种心理现象的原因是多方面的,不能简单而论,应该引起相关部门和个人的注意。

瑜伽是一门融合了哲学科学、艺术和健身的综合学科。随着高校体育教学改革深入发展,体育课开设的项目也越来越丰富,瑜伽作为新兴的运动项目也被很多高校引入体育课堂,且深受学生的喜爱。但由于瑜伽是一个比较新的健身课程项目,高校瑜伽课程还缺少适合高校体育教学、大学生身心特点的完善的教学模式。

三、高校瑜伽课程自主学习教学模式的实施

(一)高校瑜伽课程教学中存在的问题

当前,高校瑜伽课程教学现状不容乐观,无论是教师方面还是学生方面都存在一定的问题。

1.教师方面的问题

(1)教师水平不高

教学质量好与否师资力量是关键,现高校瑜伽专业教师多数都是由健美操、舞蹈、武术等专业转行而来,没有经过系统、正规的学习培训,因此,专业技术、技能水平不高。这样的师资状况,使学生瑜伽技术的学习和学习能力的培养受到了影响。

(2)教学内容与方法单一

教学质量要得到保证,教学内容及方法的选择和安排是很重要的。目前高校瑜伽课程的教学内容单一,不能较好地适应学生身心发展的需要;教学方法也过于简单,传统的教学方法机械地把瑜伽动作教给学生,没有把瑜伽练习与学生日常生活习惯及身体健康需求结合起来。

(3)瑜伽教材缺乏

目前还没有统一的、适合高校体育教学的瑜伽通用教材,这使得瑜伽教学一定程度上缺乏科学性、实用性、针对性,瑜伽教学质量及效果受到影响,瑜伽课程的持续性发展也受到影响。

2.学生方面的问题

当前,高校中选择上瑜伽课的学生大多数都有较强的参与积极性,且具有明确的锻炼目的,但学生对瑜伽认识程度基本还是处于初级阶段,对瑜伽的认识还不够全面。很多学生与教师缺乏互动,课外自我锻炼意识不强,不能很好地培养自我锻炼的能力。

(二)瑜伽课程实施自主学习教学模式的必要性

瑜伽课程的学习与训练可使学生在身心等方面得到全面发展,使学生能系统地掌握瑜伽的基本理论、基本知识和基本技能。然而,瑜伽是一项需要经常练习才能体现效果的运动,因此,瑜伽的练习应贯穿到学生的生活中,才能取得应有的效果仅在体育课堂上进行瑜伽练习较难达到理想效果,加之当前高校瑜伽课程教学中存在上述的问题,导致学生很难在课程上获得全面的提升,学生还需要在课外进行合理的练习。也就是说,学生的自主学习非常重要。自主学习是以学生作为学习的主体,通过学生独立地学习、分析、探索、实践等方法来实现学习目标的一种现代化学习方式。目前我国高校在体育教学中对培养学生自主学习能力方面还存在不足,如重视程度不够、体育设施投入不足、体育教学重在技能和健身方面、教学方法单一、缺乏创造性等,学生体育学习的主动性和创新性受到制约。在教学过程中教师应实施自主学习教学模式,即教学指导要科学规范,还要根据学生的身心发展需求,选择教学内容和方法,培养学生的学习及运动能力,培养学生对知识的主动探索精神,激发学生学习兴趣,培养学生提高获取知识的能力、自我认识的能力及自主学习能力,有效提升瑜伽课程的实效性。

(三)瑜伽课程自主学习教学模式的实施策略

在高校瑜伽课程中自主学习教学模式可从以下方面来实施:一是设计教学内容,二是建立良好的自主学习情境,三是制订与实施课后锻炼计划,四是进行自我评价与反馈。

1.设计教学内容

自主学习教学模式实施的重要环节就是教学内容的安排。教学内容要遵循教育教学规律,满足学生的普遍要求和个性需要,因此,教学内容要有创新,突出培养学生的创新精神和自主学习的能力,同时要结合瑜伽课程的特点、价值和实际情况。教学内容的设计主要包括两方面:一是理论部分。瑜伽理论部分分为入门和提高两部分。其中,入门部分为:瑜伽的起源与发展、瑜伽概述、瑜伽的价值;提高部分为:瑜伽的健身原则与方法——瑜伽健身的自我监督、健身动作的选择原则;瑜伽健身的营养与卫生;瑜伽健身的注意事项;瑜伽健身运动处方的制作与实施,这是学生课后自我练习的必备环节。二是实践部分。它包括:瑜伽体位,主要以组合的形式进行学习,便于学生学习、记忆与掌握;瑜伽呼吸;瑜伽放松。

2.建立良好的自主学习情境

(1)教师导学

教师的导学是师生共同参与、良好互动的载体。导学应从学生的角度与学习实际出发,让学生明确教学内容、重点难点和基本要求,引导和帮助培养学生自学的能力在技术动作的教学上,教师要充分发挥主导作用:讲解动作准确,示范动作娴熟、正确优美,示范要有目的性,示范与讲解相结合;教学手段多样性、趣味性。在教学过程中培养学生自主性学习,教师要体现的是指导性作用,教学中要加强学生对瑜伽的学习方法、自我练习能力的培养,为学生探索学习提供载体。

(2)确定学习目标

学生根据瑜伽的教学内容,根据个性特点确定学习目标。目标由学生个人或教师、同伴协商确立,从而可以激发学生学习的动机。要求学生首先掌握瑜伽基本理论知识、技能、正确的练习方法等,其次要充分了解自己,根据自己的个性选择适合自己的有效学习方法。

(3)探索学习环节

是学生自主学习的中心环节。在培养学生自主学习的课堂教学过程中,教师要起到指导性的作用,培养学生形成主体意识。在瑜伽课堂教学中可将学生分组,以小组为单位进行合作学习,有问题可以求助教师。教师以指导学生学习方法为主,及时为学生提供帮助,培养学生的学习能力,掌握自主学习的方法,这样可以增强学生的参与性、主动性、创造性和竞争性,加强学生掌握瑜伽学习方法的能力,保证课堂自主学习的开展,也能使学生的学习延伸到课外。

3.制订与实施课后锻炼计划

瑜伽的练习不仅仅在课上的几十分钟,要想达到较好的学习及锻炼的目的,瑜伽的练习必须做到持久,这样也为培养学生的终身体育意识奠定良好的基础。学生课后的锻炼计划要结合课堂教学内容来制订,教师应指导学生根据自身的实际情况选择课后锻炼的内容,合理制订及实施课后锻炼计划,在合理安排瑜伽练习的同时,还要加强身体素质的练习,如下肢力量、腰腹力量等不足的应加强练习。教师还要加强对学生完成课后锻炼计划的监控。对此,要采取相应的措施,如加强学生完成计划的自我执行力、小组的相互检查、课后锻炼纳入平时成绩等方法,以有效地督促学生完成锻炼计划。

4.自我评价与反馈

评价应与高校体育课程教学目标、培养目标相结合,结合瑜伽运动项目的特点,注重评价内容的丰富性、多元性与全面性,多方面评价学生的瑜伽学习情况。评价的内容包括:瑜伽技术、练习态度、情感、与人合作、课后锻炼等多方面评价的方式,要重视自我评价的作用,教师应鼓励学生进行客观公正的自我评价和信息反馈,对信息的反馈,共性问题采取集体评价与调整,个性问题单独指导,这样学生能更安全有效地安排学习及课后锻炼。通过自我评价与反馈,及时了解学生的学习状况,给予指导与调整意见,鼓励学生勤于思考,使学生体验到学习瑜伽的快乐,从而提高学生自主学习能力,使学生养成自我锻炼的习惯。

(四)实施自主学习教学模式应注意的问题

1.教学内容的设计除应结合瑜伽课程的特点、价值和实际情况外,还应符合当代高校学生的培养需要,教学内容的设计要充分体现自主学习和创新能力的培养。

2.瑜伽自主学习的教学模式要把学生的普遍需求与个体需求相结合,选择教学内容,组织课堂教学。教学过程要遵循以自主学习为主,以协同合作学习为手段的原则,充分体现主导与主体相结合。教学过程中,只有发挥教师的主导作用,体现学生的主体作用,才能有利于培养学生主动性、自觉性。

3.让学生掌握练习瑜伽的科学方法,是瑜伽自主教学的教学模式重要的任务,只有这样才能保证学生安全、有效地开展课内课外的练习,养成锻炼的习惯和终身体育的意识。

四、形体训练与瑜伽教学的融合

(一)瑜伽与形体训练之比较

形体练习是很多运动的基础,也可作为瑜伽练习的基础。瑜伽教学中融入形体训练可以更好的表现瑜伽动作的准确和优美,有助于更好地完成高难度的瑜伽体式。瑜伽教学内容主要是体位法,瑜伽之美主要通过身体姿态表现出来,良好的姿态美、时空感和控制能力在瑜伽教学中起着举足轻重的地位,而形体训练是培养良好身体姿态练习为主要特征的一项运动。它通过各种身体练习以改善形体的状态,提高人体良好形态的控制能力和表现能力,它是以增进健康、增强体质、塑造体型、培养气质为目的的身体基础练习。它通过多种多样的练习方法和手段,促进人体形态更加完美,培养练习者的审美情趣,增强其认识美、发现美、表现美的能力,从而产生对美的意识,逐渐提高练习者高雅的气质和表现自我的能力,对提高美的鉴赏能力具有独特的作用。形体训练是集健身、健美、健心为一体,其本质是"内化"道德情操,"外化"行为气质,这也是瑜伽教学的重要意义所在。

(二)高校学生在瑜伽学习中存在的问题

高校学生的身体姿态、柔韧性、灵活性、空中体位感觉,平衡、控制能力等大部分都比较差,练习起来不流畅、大方,离"标准"动作有很大的距离。虽然瑜伽体式没有固定的要求,但他们觉得自己的动作跟"标准"动作相差太远,感觉很挫败,从而降低了部分学生的自信心,影响了他们的学习积极性,使瑜伽体式教学难以达到满意效果。这些问题采用形体训练作辅助练习,加强柔韧性基本功练习将能得到较好解决。

(三)在高校瑜伽教学中融入形体训练的重要作用

1.瑜伽教学融入形体训练能提高高校学生学习的自信心和积极性

高校学生他们的身体素质参差不齐,大部分学生是第一次接触瑜伽运动,初次接触瑜伽往往很难准确的表达各个动作及身体的美感,学习效果不明显,动作笨拙不协调、不到位。而青少年时期的特殊心理:他们害羞、又想表现自己,却不允许自己表现不出色,不愿意别人看到自己不足的一面,因此部分学生就会不自信从而产生消极的学习情绪。而首先进行较基础的形体训练,让学生先有一定的基础,他们学习起来就会得心应手,能提高他们的学习自信心和积极性。

2.瑜伽教学融入形体训练能提高高校学生瑜伽学习的质量

形体训练是很多体育运动项目的基础,它也可作为瑜伽教学的基础。形体训练中对于肌肉的远端控制力要求很高,而这一点恰恰是许多瑜伽体式动作要领中所要求的。瑜伽要求动作具有一定的稳定性与时空感,所以,形体训练练习的效果能直接影响瑜伽练习质量。在形体训练中采用一些简单的练习方式,如:把杆练习,平衡练习等,掌握基本动作要领进行训练,能提高身体的协调性,动作的控制能力,增强肌肉的弹性和灵活性,形成正确优美的身体姿势。形体训练是外表形状及其在各种活动中表现出来的,它在缓慢、优雅、动听的音乐旋律下轻松、自如地完成动作,能使骨骼、肌肉充分伸展,塑造优美的体形,它有利于减缓心理压力。而瑜伽是对健康的身体、形体美的塑造和追求,在优美的音乐旋律伴奏下,通过多种体式动作的练习来表现美、塑造美,使瑜伽训练者活力增强,外观更年轻,心情更平静,增强疾病抵抗力。形体训练中轻音乐节拍的掌握可加强对瑜伽练习中音乐节拍的理解与鉴赏。瑜伽练习时配上音乐,可使练习者进入意境而精神专注,达到调节情绪,消除疲劳、陶冶情操的目的。由上所述,形体训练和瑜伽练习是相辅相成的,形体训练有助于提高瑜伽学习质量。

(四)瑜伽教学中形体训练的内容及实施方法

1.瑜伽教学中形体基础训练的内容

形体训练内容以舞蹈基训为主,其中把杆训练是每个学期都安排的内容形体训练,内容的安排应从易到难。首先是身体素质基础的形体训练,从把杆、"地面"训练到离开扶把的姿态训练、舞姿组合训练等,然后进行专项的身体素质形体训练,如平衡、转体等。

第一,把杆训练。把杆训练内容主要包括扶把的各种站立、擦地、蹲、踢腿、屈伸、划圈、压腿、击打、身体的弯曲与波浪、移重心、平衡与控制、转体、跳跃等练习。把杆训练是瑜伽形体训练的基础,是每个学期都必须进行的形体训练内容之一。借助把杆进行慢动作和分解动作练习,不仅能培养规范化的身体姿态,而且能有效地发展腿部、躯干部位的柔韧性、力量和平衡能力,能够发展细腻的肌肉感觉,有利于掌握技术细节,建立正确的动作概念。

第二,"地面"训练。"地面"训练是指坐、躺、卧于地面的各种练习,如坐地勾绷脚背、坐地吸腿练习、侧卧旁吸腿、仰卧吸腿练习等,主要是对全身肌肉进行等张力训练。"地面"训练可安排在瑜伽形体训练的初期,经过系统的"地面"训练,可使肌肉线条修长,避免肌肉向横向发展或成块状的形态,使学生获得专项所必须的基础技能。

第三,舞姿组合训练。舞姿组合训练的内容主要是采用芭蕾舞的基本舞姿,如单腿屈膝前(后)举站立—阿提丢、做单腿后举站立—阿拉龙斯、单腿侧上举站立—艾卡地等舞姿的练习,通过手臂位置的变化,配合上体弯曲而扭转表现不同的神态。姿态是人体各部分、各环节构图的完整概念,只有上肢、下肢、躯干、头部这四大部分协调配合,才能产生完美的艺术造型。可见,舞姿组合训练是瑜伽形体训练的关键内容,是提高学生学习瑜伽专项身体素质的有力阶段。舞姿组合训练可安排在瑜伽形体训练的中期,目的是在学生掌握了一定的基础形体训练后,使学生把之前所学的内容进行融合,使学生更好地掌握瑜伽动作技术。

第四,身体动作组合训练。身体动作组合包括:跳、平衡、转体、波浪与柔韧等 4 类动作,是构成瑜伽形体难度动作的主要因素。身体动作组合训练主要安排在后期的形体训练,是为学习掌握瑜伽高难度动作做准备的。通过各类身体动作组的训练,掌握基本动作的正确方法,使学生懂得在全身各部分协调配合中完成高难度动作,在紧张与松弛相交替的韵律中表现出身体各部位的正确姿态、动作的最大幅度、支撑的稳定性、移动的轻巧性以及动力、幅度和动作速度之间的密切关系。

2.瑜伽教学中实施形体训练的方法

形体训练动作形式多,锻炼部位广泛,可根据学生的实际情况选择不同的运动时间来进行。通过基本动作练习和强度不同的成套动作练习,对身体各关节、韧带、各主要肌群和内脏器官施加合理的运动负荷,对心血管功能、柔韧性、协调性、力量及耐力素质、体脂等身体成分有十分显著的作用。例如采用压、拉肩、下桥、体前、侧、后屈、压、踢、控腿等练习来发展学生的柔韧性。采用舞蹈、徒手及成套动作练习锻炼大脑支配身体部位同步运动的能力,体会各部位肌肉运动时的不同感觉,来发展学生的协调性。

第一,先集中进行形体训练然后学习瑜伽。在整个选项教学学习期间,用总学时的四分之一进行形体训练。假如计划用 60 学时学习瑜伽,那么可以用大约 10 至 15 学时的时间首先进行形体训练,主要进行手位练习、把杆练习、徒手组合练习,锻炼大学生的柔韧性、空间体位感觉、正确优美的身体姿态等这种集中练习的方法具有较好的连续性,大学生容易掌握,效果也比较好。有些教师或学生可能担心耽误了瑜伽的学习,其实不然,在学习瑜伽之前进行形体训练可给瑜伽学习打下基础,有了一定的身体基础,便于教学进度的加快,学生的模仿能力就会提高,教学效果也会改善。

第二,瑜伽教学过程把形体训练贯穿其中。课的准备部分、课的结束部分都可安排形体训练,80 分钟的课可以安排 15 至 20 分钟形体训练,在课的准备部分安排形体训练内容不仅可以让学生活动身体各关节,更可以让学生尽快进入学习状态,为课的主要内容做准备;在课的结束部分安排形体训练内容则主要是起到放松肌肉和巩固课堂内容的目的。可见,形体训练在瑜伽教学中可起到重要的作用,每节课都可安排一些内容。

总之,形体训练能够很好的提高瑜伽所需要的协调、柔韧、身体姿态的控制以及对动作美的感受和表现力,培养学生自信、端庄、高雅等美的气质,增强他们的艺术修养。既有利于瑜伽的学习掌握,也可提高瑜伽的欣赏水平。因此,在瑜伽教学过程中,把形体训练与瑜伽的教学结合起来,把形体训练贯穿于瑜伽教学的始终,能有效地提高高校学生瑜伽教学质量。当今很多瑜伽馆,为了提高瑜伽教学效果,也广泛采用瑜伽球、瑜伽绳、瑜伽带、瑜伽砖等辅助练习,在学校采用形体训练内容做辅助练习无疑是一个很好的借鉴。

第三节　游泳与体育文化

一、游泳运动对学生身心健康的价值

游泳运动不仅是一项竞技运动项目,同时也是一项大众体育项目。该项目对性别和年龄的要求较低,是男女老幼都喜欢的体育项目之一,深受人们的喜爱。它被称为最好的一项健身运动,可使身体各个器官或系统得到锻炼,同时还可锻炼人的意志。

(一)游泳运动对学生身体素质的影响

1.培养学生健身习惯,提高身体素质

身体是革命的本钱。养成良好的健身习惯,坚持锻炼,提高素质是非常重要的。游泳是属于全身剧烈运动的项目,在一个动作周期中会有大部分时间是在没有氧气的情况下完成的,这样使人的身体机能发生变化。可以提高人体新陈代谢的速度和提高能量供应水平,扩大身体能量的储存。大学生要有健康的体育观念,要达到这个目的,就要从大学生喜欢的体育运动教学出发,培养他们的良好的健身习惯,鼓励他们个性的发展。要让学生真正理解到游泳运动的真谛,才能树立起终身体育意识和良好的健身习惯。

2.改善身体的机能

经常进行游泳锻炼,可以使呼吸系统、消化系统、心血管系统和身体器官的机能得到健康的改善和提高,增强了人体抵抗疾病的能力。完成强度较大的脑力工作之后进行适当的游泳锻炼,可有效消除疲劳,恢复健康机体。

3.减肥和健美形体

游泳是保持身材最有效的有氧运动之一。运动时消耗的热量多,实验证明:人在标准游泳池中 20 分钟所消耗的热量,相当于同样速度在陆地上的 1 小时,在 14 度的水中停留 1 分钟所消耗的热量高达 100 千卡,相当于在同温度空气中 1 小时所散发的热量。另外,水的阻力可增加人的运动强度,但这种强度,又有别于陆地上的器械训练,是很柔和的,训练的强度又很容易控制在有氧域之内,不会长出很生硬的肌肉块,可以使全身的线条流畅、优美。

(二)游泳运动对学生心理素质的影响

1.游泳运动促进青年学生良好道德品质的形成

学生在系统教学方法的引导下,逐渐克服了怕水的心理。这种征服个体潜在消极心理的过程,也就是学生掌握自我解脱和救护能力的过程。

从内心的认知行为落实到具体的实践行为中,学生不仅体验到应对外在压力的心理适应过程,而且通过行为的实施不断实现着身心的协调,从而由内及外形成了具体的道德倾向,在长期的学习过程中,形成了他们遇到险情临危不乱,舍己救人的良好品质。

2.培养学生的游泳意识

体育教师通过游泳知识与方法的传授,将学生带入更专业的游泳运动中去,通过游泳实践教学,让学生亲身体会到快乐、自信和成功,使学生从内心深处感受到游泳运动,也是人生活中的一种很有意义的运动,从而引导学生形成正确的游泳意识,教师要灵活引导学生把强烈的热情,带入生命的意义和价值中去,加强学生的游泳意识。

3.提高适应环境的能力

高校时期是学生学习体育技能、知识,掌握体育运动技能,实现自我完善、社会化的重要阶段。游泳能够提高学生对身体语言的理解和驾驭能力,身体语言是沟通的有效方式之一,是社交过程中必须具备的能力。游泳运动有着独特的动作定式,而且蕴含了其他项目所不具备的审美内涵。

4.缓解学习和生活带来的压力

游泳具有健身、娱乐双重功能,可以带给人们愉悦的心情,对于缓解不安、紧张心理有一定的效果,进而实现情绪控制,促进心理健康状况向好的方向发展经过一段时间的紧张工作、学习,不妨去游一游泳,嬉水弄波,趣味倍增,能减轻工作、学习带来的忧虑、烦躁情绪,缓解全身肌肉紧绷状态,使其得到放松,实现心理健康。

学校游泳的教学目标应该放在全面健身的基础上来实施,将提高学生的身体素质和心理素质作为目标,为社会创造更优秀的人才资源。要让学生在游泳练习中,体会到游泳运动的效果和乐趣。让学生离不开运动,通过运动可以加强健康,加强人的身体质量和身心素质。经常游泳可以改善锻炼者的心血管系统。另外,冷水的刺激能使皮肤血管收缩,以防热量扩散到体外。同时身体又加紧产生热量,使皮肤血管扩张,改善对皮肤血管的供血,这样长期的坚持锻炼能使皮肤的血液循环得到加强。另外,由于水波浪的作用,不断对人体表皮进行摩擦,从而使皮肤得到更好的放松和休息。当游泳池的水温常为 26 度到 28 度,在水中浸泡散热快,耗能大为尽快补充身体散发的热量,以供冷热平衡的需要,神经系统便快速做出反应,使人体新陈代谢加快,增强人体对外界的适应能力,抵御寒冷。经常参加冬泳的人,由于体温调节功能改善,就不容易伤风感冒,还能提高人体内分泌功能,使脑垂体功能增加,从而提高对疾病的抵抗力和免疫力。

二、初学游泳者克服恐惧的方法

游泳是古代人类为了求生存,在同大自然的斗争中产生的,是一项人体凭借自我支撑力和推进力在水中进行的运动。现代研究表明,游泳不仅能增强体质,还有利于促进学生智力的提高;有助于学生意志品质及协调能力的形成与发展;同时,学会游泳,学会自护自救,掌握一项最基本的生存技能将使学生终身受益。

每个游泳初学者都会有对水的恐惧心理,恐惧的程度因人而异,如何帮助初学者克服怕水心理是教学中首要解决的问题。

(一)造成初学者害怕的原因

第一,环境的改变。游泳时要仰卧或俯卧在水中做动作,完全改变了平时陆上那种习惯的直立姿势,其运动轴、运动面及运动方向也发生了变化。人在水中活动时,由于水的浮力,使得游泳者失去了陆地上的固定支撑,加上水的波动,会使游泳者感到晃晃悠悠,很难维持身体平衡。人在水中活动时要受到水的压力,造成呼吸困难。另外游泳时的呼吸与陆地不同,要求吸气时用口在水面上吸气,用鼻和嘴在水下呼气,并在吸气和呼气之间有一段憋气,还要求呼吸必须在一定动作配合下有节奏地呼吸。由于水对人体的压力和阻力,人们既要克服水对人体的阻力和压力,又要充分利用水的阻力,用四肢划水使水对手和脚产生反作用力,造成尽可能大的推进力。鉴于以上因素变化,给学生的身体、心理带来各种不适应,以致学生在学习游泳过程中容易出现溺水、喝水、呛水、呼吸困难及肌肉紧张等,从而产生恐惧心理。

第二,水质和水温的条件。满池的池水和过低的水温会造成初学者的不适心理,同时,过低的水温和气温会造成人体体表温度的下降,使人在水中活动出现肌肉僵硬、痉挛、头疼、力不从心等现象,使初学者产生恐水心理。

第三,心理素质差。有些学生由于意志品质较差,缺乏勇敢顽强的精神,虽然掌握了相应的技术,具备了一定成功的能力,但对日常生活中较少接触的游泳动作,仍然不敢练习,出现犹豫不决、动作失调等现象,结果不能完成动作,从而产生恐惧心理。

(二)恐惧心理的具体表现形式

第一,话多。在水中总是找机会和教师说话,借机会靠在岸边或伏着水线,表面上嘴里说个不停,实际上心里很害怕。

第二,动作急−特别是在游蛙泳时,节奏特别快,生怕沉下去。两手不是在划水,而是在水面摸水。

第三,不翻脚。踝关节僵硬,绷着脚面,甚至用手掰不动。两脚不是向后做蹬夹水的动作,而是像蝶泳似的拍击水面。

第四,不下水。离岸边远远的,无论怎么劝说都无效,严重的甚至大声叫喊。

第五,扶人。特别在蛙泳腿的练习中,往往是松开手中的浮板,去扶邻近的学员,或者是扶岸边和水线,不相信自己,总想找点儿依托。

第六,缩肩收胯由于害怕,致使身体各部位均处于紧张状态,肩、肘、髋、膝关节动作不舒展,不放松。

第七,立着游。抬着头,挺着胸,怕头部沾水,导致臀部下降,以至于身体不能漂浮在水中,只能像海马那样立着游。

第八,水中不吐气。因为怕呛水,嘴闭得紧紧的,即使头部进入水中也不张嘴吐气,而是始终憋着气。待头部出水后又吐又吸,造成身体缺氧无力。

(三)有效方法

老师应该让学生喜欢水,建立兴趣与自信。此时动作尚未成形,不能提出过多的技术要求,先让他们在水中动起来。首先,明确学习动机。克服游泳心理障碍的关键,就是要有好的学习动机,因为好的学习动机是学生积极学习游泳的心理动力。学习动机是指直接推动学生学习的内驱力,是学生学习积极性的核心而动机的产生总是和需要紧密联系着的。所以教师要让学生充分了解游泳在生理、生物力学、心理方面的价值,说明游泳在学校体育、生产劳动、日常生活中的重要地位,充分调动学生潜在的学习需要。其次,加强安全保护。学生心理上有安全感是非常重要的。在游泳教学中,学生如果有溺水的体验,都会给学生造成程度不同的怕水心理及心理障碍,对游泳的教学极为不利。因此,在教学中应尽量避免在学生毫无准备的情况下,突然出现一些强烈的刺激使学生出现不应有的溺水现象。然后,熟悉水性练习。熟悉水性教学是游泳教学中重要的一个环节,是游泳初学者的必经阶段。通过对游泳初学者进行水中行走、呼吸、憋气、漂浮、滑行与站立等练习,让初学者体会与了解水的特性,逐步适应水的环境,消除怕水心理,培养对水兴趣,并掌握游泳中的一些最基本的动作,从而建立良好"水感"的心理状态;初学者通过对水感体会,就会逐渐达到在水中比较自由的境地,使学生在心理上从"恐惧感"转变为安全感,从惧水向爱水转变,进而提高学生学习游泳技术动作的能力和兴趣。最后,有趣游戏活动。在游泳练习中对学生提出一定的任务,安排一些有趣的游戏活动,让学生在完成任务的过程中体会求知需要。如:学习憋气音,通过做水下数数、睁眼看同伴做动作,钻杆、钻救生圈等方法,可进一步巩固呼吸方法,提高水憋气的能力,消除怕水心理,培养对水的兴趣。又如:在熟悉水性时,用扶池边行走、水中睁眼数数、憋气比赛、蹬边滑行比赛、打水仗等游戏练习,使学生从认识水性进而熟悉、掌握、利用水的特性。

在游泳教学中,学生的心理障碍也会对游泳产生一定的影响。要重视应用教学心理法,消除学生对水的恐惧感,教学中必须做到循序渐进,不要急于求成,才能收到较好的效果,在教法上也应该和游戏活动相互交又进行,应寓教于乐。教学中针对学生上游泳课的心理状态,采用一些行之有效的教学方法,可以改变学生不良的心理状态,激发学生游泳的自觉性和积极性,从而提高教学效果。

三、我国高校游泳馆的现状与创新教学模式

(一)我国高校游泳场馆的现状与运行模式

近些年来,随着体育事业的市场化和产业化发展,在体育活动日益兴盛的同时,体育经营活动也得到了长足的发展。游泳场所的经营是体育经营活动的组成之一,而高校游泳场馆同时又是学校的基础体育设施的重要组成部分,负担着教书育人的重要功能,所以,在考虑高校游泳场馆的运行模式时,应该从高校的实际情况出发,在满足课堂教学训练的基础上,尽量做到综合利用,最大限度地提高利用率,降低运行成本,所以对高校游泳场馆的现状和运行模式进行研究是十分必要的。

1.目前我国高校游泳场馆的运行过程中存在的问题

(1)多数高校游泳场馆的配套设施不够完善,功能相对比较单一

高校游泳场馆不应单纯的作为人们游泳健身以及学生游泳教学和训练的地方,而应在此之外同时包含休闲、娱乐、餐饮等多种功能,但是因为高校在设置游泳场馆时口标定位的限制,因此极少有学校会为了配套设施的建设而额外投入资金,从而导致高校游泳场馆多数为功能相对比较单一的公益性的教学设施,仅能满足学生教学和训练的基本需求,而却因为休闲、娱乐功能的缺失,很少高校游泳场馆具备承接游泳赛事,特别是大型的、高水平、高盈利的赛事的能力,导致了高校游泳场馆运行过程中丧失了一个重要的收入来源,为高校游泳场馆的运营增加了一定的难度。

(2)高校游泳场馆的管理体制不够完善

我国高校游泳场馆的所有权由学校来进行控制,并非真正的属于自己的独立的法人实体,所以说高校游泳场馆很难实现自我经营和自负盈亏,也因为自身并没有形成科学有效的管理结构,对学校还有较强的依赖性,所以说在市场化运作的过程中也会存在一定的问题。首先,随着高校的扩招,大部分学校的经费越来越紧张,相应的对游泳场馆的投入也会减

少,而游泳场馆又必须在三个季度中都需要持续供暖,运行的成本也因此而居高不下。其次,高校游泳场馆的特殊性质决定了高校游泳场馆必须接受学校相关部门的指令,承担较多的公益活动或者教学训练任务,这种管理体制与市场机制还存在一定的矛盾,难以完全按照市场机制进行运营,所以,这种情况也导致了高校游泳场馆市场效率的降低。

(3)高校游泳场馆的管理水平无法满足管理要求,管理方式和管理手段均比较落后

由于传统思想和教学理念的影响,很多高校游泳场馆的经营管理水平和经营管理方式仍然停留在福利型的层面上,长期没有得到实质性的提升,从而导致了先进的管理理念的匮乏和管理水平的低下,并因为缺乏科学有效的管理手段,常常使得高校游泳场馆的管理脱离了市场经济的运行规律,从而为高校游泳场馆经营能力的进一步提升增加了新的难度。

(4)高校游泳场馆的服务水平有待进一步的提升

随着近几年高校的扩招,学生人数激增,很多学校也因此开始了大规模的基础教学设施建设,在这个过程中,多数高校考虑到各种原因都选择了在城市的边缘地区建设新的校区,而游泳场馆也大多坐落在这些新建的校区之中,新建成的校区一般与居民区相距较远,从而导致高校游泳场馆在向社会开放和服务的过程中会有诸多的不便,导致了服务问题的出现。除此之外,很多高校因为前面所说的配套设施的缺失,无法提供多元化的服务,而且各种体育用品、运动饮料的购买也很不方便,这些也会影响场馆的运行,不利于场馆经营水平的提升。

2.高校游泳场馆的运行形式

目前,我国多数高校的体育场馆特别是游泳场馆的运营和管理水平仍处于较低的阶段,所采用的运行方式和运行方法均存在一定不够规范和科学的地方,现代化的配套设施、管理人才和管理经验也均明显不足,所以说,根据目前我国高校的实际情况,高校游泳场馆应该选择服务与经营相结合的方式,采取有偿服务的运行形式,这样才能在保证高校游泳场馆正常运行的同时,逐步取得良好的效益,进而得以不断发展。

(二)高校游泳教学的内容方法及其模式

游泳可以提升人们的身体素质,同时游泳具有形体健美的功能,是我

国《全民健身计划》中推广的运动项目。但是在高校游泳教学中,缺乏对游泳项目的重视,同时缺乏有效的教学方法和教学模式,另外,高校学生大部分缺乏对游泳的喜爱。诸多因素限制着游泳事业的发展。因此,在高校游泳教学中,教师要加强对学生的引导,并且要制定合理的教学方法和教学模式来提升学生的兴趣,以便可以更好地促进学生健康发展。

1.高校游泳教学的内容

(1)对称式转轮划水技术

对称式转轮划水技术是以身体的肩关节为中心,双手做圆周运动进行划水。对称式轮转划水技术可以用来水中自救,同时可以使游泳者掌握身体平衡,提高游泳者的游泳技术。因此,值得游泳初学者进行学习。在对称式转轮划水技术的教学中,可以摒弃传统教学中的抱膝浮体和蹬边滑行,可以从直立漂浮开始教学,其具体内容主要表现在以下几点:

一是使学生由仰浮到站立。

二是使学生在水中练习轮转划水,并且将头部浮出水面进行呼吸。

三是练习自救姿势。

(2)熟悉水性练习

在学生初次学习游泳时,难以使学生直接平卧在水中,因此应该加强对学生熟悉水性的练习其方法主要包括以下几点:

一是屏息直立漂浮。教师可以将学生分为两人一组,一个学生在水中做直立漂浮,另一个学生在旁边进行保护。做直立漂浮的学生可以使鼻子处于最高位置,以便可以进行自由的呼吸。

二是蹬底漂浮。教师可以使学生吸气,之后沉入水底进行漂浮。

三是平卧漂浮,教师可以将学生分为两人一组,一个学生进行保护,另一个学生平卧在水面进行轮转划水练习。

(3)练习泳姿

在练习泳姿的过程中,仰泳对学生的入门要求相对较低,因此可以采取仰泳的方式来练习泳姿:在仰泳的练习中,使学生仰卧在水面,仰泳的手臂动作和对称式轮转划水相同,同时腿部的动作也相对对称,可以使学生尽快地掌握泳姿。

（4）练习耐力

在高校游泳教学中，往往过多重视体育竞技，因此，在教学中注重培养学生的爆发力和速度，却忽略了游泳健身的意义。在教学过程中，教师应该加强对学生耐力的培养，要加强学生的有氧呼吸训练，可以让学生进行长距离的游泳来提高学生的耐力。

2.高校游泳教学的方法

（1）多媒体演示教学

在游泳教学的过程中，教师可以采用多媒体教学的方式进行教学，对于初次学习游泳的学生而言，往往只能通过模仿来建立思维意识，多媒体教学可以利用视频、图像和文字将游泳技巧生动地显示出来，可以在视觉上刺激学生的感官，从而增加学生的兴趣。

（2）分层教学

在高校游泳教学中，由于学生的游泳起始素质不同，致使其对游泳技术的掌握也各不相同。针对这种现象，教师可以采用分层教学的方式进行教学。对于有一定游泳基础的学生，可以直接对其进行游泳训练，在游泳中可以纠正学生的错误，并且要逐渐增加其训练难度；对于缺乏基础，但是悟性较高的学生，可以按照教学目标逐步进行训练；对于怕水的学生，教师要一对一进行指导，并且要加强对学生的开导，以便其可以克服心理障碍。

（3）示范教学

在高校游泳教学中，教师可以对学生进行示范性的教学。要加强对技术要点和注意事项的讲解。首先，教师要做出规范的示范性动作；其次，教师要对局部要点进行详细的讲解；最后，教师要放慢示范的速度，将动作分解成若干部分，使学生可以精确地掌握技术要领。

3.分层教学模式

在高校的游泳教学中，教师可以放弃传统的分班教学模式，可以在教学过程中采用自由分班的模式进行教学。教师可以将游泳班分成大、中、小三个级别。大班可以训练具备基础的学生，强化学生的耐力、速度和爆发力的训练，学生通过强化练习，可以得到较好的发展。中班可以训练基础较差的学生,教师在教学过程中,可以有针对性地对学生进行指导,纠正学生的错误动作,并且引导学生掌握正确的游泳技术。对于小班的学生而言,教师可以从头开始教学,对学生进行一对一的指导,最终使学生掌握游泳技术。分层教学模式,学生可以根据自身的兴趣来选择班级和教师,同时教师可以根据学生的不同素质进行因材施教。对于教学效果而言,要以健身和娱乐为目的,不要强制学生在规定时间内掌握技术,教师可以采取动态考核的方式来评价学生。只有激发学生的兴趣,才可以更好地使学生喜爱游泳。

在高校的游泳教学中,往往过于重视体育竞技,注重培养学生的速度和爆发力,却忽略了游泳健身的意义。

第七章　高校体育审美教育

第一节　高校体育审美教育的内涵

一、体育审美教育的本质及其美学内涵

在人类社会之初,一个人身体的强健与否直接决定着他生存能力的高低。而在文明社会里,人的生活幸福与否又总是和人的身体是否健康联系在一起的。体育教育最直接、最明显的作用,首先体现在对人体塑造上,这种塑造不是盲目的,而是在美的规律引导下进行的。体育对人体的作用通过两方面表现出来:一是促使人形体的各种潜在的生理机能得以充分展现,使人体变得健康与强壮;二是促使人体变得更加健康,最终使人体成为"健、力、美"的有机结合体。审美文化的深刻变化呼唤着体育审美教育的当代发展。20 世纪 90 年代以来,我国的审美文化研究开始走出"从哲学的、思辨的、高雅艺术的象牙塔,引向了对文化的、感性的、大众的日常审美活动的关注"。这一发展态势,表明了审美文化对民众生活的巨大影响。

以前人们往往把体育看作身体运动,把体育的美局限在运动竞技的范畴,很少把它与文化联系起来来认识。本来体育就是文化的系统构成,是文化发展的能动反映。人类之所以热爱体育,以体育为美,是因为人类已将体育视为展现自己本质力量的一种方式。

二、体育审美教育的理论构建

(一)体育审美教育的思路

体育审美教育的发展是以人为主导的,作为美学分支的体育美学,它

直接面对着人类的健康与生存的,它更本质地关心着文化的和人的问题。人们通过体育肯定人的主体价值,以自娱自乐的形式,选择他们所喜爱的运动,尽情地抒发"优美姿态",体味着奥林匹克的口号:重要的不是胜负,而是参与;实践着运动带来的实际效用,"花钱买健康"成为都市的时髦话语,呈现出人们对体育审美价值的多元取向与审美趣味的生存实践的景象。个体的审美价值观终于得以自我确认,使体育审美逐渐成为当代人一种普遍的生存状态。随着大众体育活动的开展、审美趣味的丰富,表现出大众"对体育审美技术行为向人们的生存实践中不断延伸,把技术美的宗旨和原则应验到人们的具体审美趣味中"。体育审美教育不是要人们沉溺于与现实人生无关无涉的美的思辨之中,而是要通过美和审美帮助人们自觉地按体育的规律,以审美的态度去改造其生活,进而认识现实社会的人的本质力量。达到以美育体、以体育"美的人"的目的。长期以来我们谈体育审美教育注重的是人们的某种或某些感受美,鉴赏美等方面的技能专长,或是有较高的审美能力的人,其价值取向定位于培养审美的人。因此,体育审美教育面对的是对人的生命存在及其发展的整体关怀,以素质教育的思想作为体育审美教育理论的建构。根据社会和时代发展的要求,体育审美教育应以发展与培育人们的各种素质为目的这一基石之上,在群众体育、学校体育、竞技体育三大范畴中,围绕受教育者的各种素质这一中心而运转。因此,体育审美教育中的"素质"是通过体育审美教育,使人的生理特征、心理特征和社会性特征的有机统一的素质得到充分发展,使之达到全面发展的人。

1.体育审美教育的理论架构

大学生体育审美教育是一个综合性的体系,根据体育审美教育的指导思想,按照其结构范畴和内容体系,将大学生体育审美教育分为竞技体育、学校体育和休闲体育,这样有利于突出体育审美教育的特性和涵盖各个方面,构建大学生体育审美教育的理论框架。

2.人体形态美和动作美的培养

正常的生长发育和正确的身体姿态是人体形态美的基本要求。人体的形态美主要表现为自然的或正常的体态,包括生长发育、肌肉丰满、姿态正确、动作自然等。为此,养成学生正常的身体形态和正确的行动姿势,是体育教学的重要任务之一。健美操、艺术体操、舞蹈的教学可以提高各肌肉韧带的韧性,提高肌肉的弹性和各关节的灵活性;篮球、足球、田径的教学可以提高学生身体素质,发展学生的力量和速度能力。这些身体练习方法对培养学生形成正确的身体姿势、纠正不良姿态、培养良好风度有重要的作用。人体动作美表现为动作的协调和韵律感,动作协调并富有韵律感,会使人感到愉快、优美,产生美的感觉,这也是体育教学中美育的任务。

(二)美的文化符号

美不等于漂亮、好看。美的境界在于以"有限"表现"无限",言说有限,超越有限。运动技能作为一种美的符号,更是缘于其背后所蕴含的深刻的精神价值。每一项体育运动都蕴含着人类无限的企盼与追求,正是这种企盼与追求,人类用自己的智慧创造出丰富多彩的运动文化。有各种各样的跑、跳、投掷、球类、举重、体操等竞赛项目,有各种各样的舞蹈、武术、滑雪、滑板、飞环等娱乐项目,有各种各样的 F1 赛车、漂流、登山、攀岩、帆船等极限项目,有各种各样的舞龙、踩高跷、扭秧歌、赛龙舟等民俗游戏。可以认为,每一项动作技能背后都有其久远的文化内涵,也有此时的参与将来的发展;每一项运动文化背后都蕴藏着人类对自身美的叩问、对自然美的触摸、对动物美的模仿、对人性美的遐想、对野蛮美的释放、对个人美的绽放。体育教师正是通过这些美的符号唤醒学生的感性,丰富学生的情感,从而促进学生的身心和谐发展。

总之,人类已进入 21 世纪,体育审美教育的价值取向一方面直接表现为广大大众对自身在体育活动中审美趣味的满足与体验,以塑造个性,形成自我超越能力。另一方面又要把对体育美的鉴赏和创造作为教育的理想,使人们对自然、社会与自我的辩证统一,真正实现体育运动中的真、善、美。为此,体育审美教育理论的建构与发展,围绕繁荣文化的任务这一中心,以审美文化的当代发展为基本线索,以素质教育思想作为理论基础,强调理论与实践的结合,提高人们的素质,培养人们的体育审美文化行为,丰富体育审没教育理论具有重要的意义。

三、体育审美教育观

科学的体育理论体系应是一种专门化、系统化的体育思想,它是由一系列概念所构成。要想全面把握体育审美教育就要对体育审美教育的本质、目的、价值功能等作明确的阐释。

(一)体育审美教育本质观

体育本质的追问是使体育研究者魂牵梦萦的问题。至今为止,关于体育本质已有许多阐释,这是学者们不懈努力的结晶。然而,当面对体育审美教育的时候,我们不禁要问:体育审美教育的本质是什么? 如何揭示并阐明体育审美教育的本质?

1. 本质的意义

认识事物要力争认识它的本质,这是人类经过几千年实践探知出的一条真理。"本质是一件事物的核心和灵魂"。

(1)如果不能正确认识事物的本质必然导致混淆事物的是与非、好与坏、属性与功能等问题。

一般认为本质是指事物本身所固有的、决定事物性质、面貌和发展的根本属性。事物的本质是隐蔽的,是通过现象来表现的,不能用简单的直观去认识,必须通过现象掌握本质。

(2)本质是事物的内在联系。

它由事物的内在矛盾组成,是事物比较深刻的一贯的和稳定的方面。事物的本质属性是指某类对象必然具有并与其他各类对象区别开来的属性,如"思维""创造生产工具的能力"等是"人"的本质属性。

(3)辩证唯物论认定本质具有决定性、单一性、稳定性和隐蔽性。

2. 本质与现象

本质与现象是相对的,它们是揭示事物内部联系与外部表现相互关系的一对范畴。就本质与现象的相对而言,本质揭示了事物的内部联系,它决定了事物的性质和发展的趋势;现象揭示了事物的外部联系和表面特征,它是事物本质的外在表现。本质和现象是对立统一的。世界上没有离开现象的本质,也没有离开本质的现象;本质寓于现象之中,并通过现象表现出来;现象受本质支配,是本质的外部形态。简单地说,本质决定现象,现象蕴藏着本质。同时,本质和现象是有差别和矛盾的,本质是比较单一、稳定、深刻的东西,现象是比较丰富、多变、表面的东西。可见,本质是内在的、根本的、起决定作用的,是通过现象体现出来的。现象则在表现着本质和非本质。

3.质与属性

事物的质是一事物区别于他事物的内部的规定性,质与事物是直接同一的,一定的质就是一定的事物。恩格斯曾经指出,在现实世界中,没有同事物相脱离的纯粹的质,而只是具有无限多的质的物体。也就是说,一事物的质是多方面的、多个的,甚至是无限多的;对质的认识是发自于现象,发自于质所依附的事物。质是人们区分、认识具体事物的客观依据。质往往通过该事物与他事物的关系,通过事物之间的区别表现出来。事物之间的联系是复杂的,因而事物的质常常表现为多种多样的属性。属性指事物的特性、特征,包括形态、动作、关系等。属性是事物本身固有的性质,是由该事物的内部矛盾所决定的。可见,属性是质的表现,它通过事物之间的相互联系而表现出来,如书籍在与其他事物联系过程中表现为知识、艺术品、商品、工具等;质是事物的内在规定性,是属性的规定性;事物的质和属性都不是唯一的。

(二)体育本质解读

体育本质是体育本身固有的,决定体育性质、面貌和发展的根本属性,体育的本质反映了体育过程内部的特殊矛盾,对种种纷繁复杂的体育现象或体育表现形式具有决定性的作用。

从宏观上看,对体育本质认识直接影响着对体育功能认识,包括体育目标的确立、体育内容和方法的选择,体育发展战略和各项体育方针、政策的制订,以及体育投入等;从微观上看,对体育本质的不同把握将直接影响着人们的体育价值判断和体育价值观的形成。

对体育本质的界定,长期以来一直存在着争论,这表明认识体育本质的复杂性。没有对体育本质的正确认识,就不可能有正确的体育审美教育观。

(三)体育审美教育本质——"身心兼修,魂魄并铸"

在检索到的文献中,有与体育审美教育相关的描述,但都流于表面化。体育审美教育的概念，目前未曾有人提出，也没有人对体育审美教育的本质做出界定。体育原本来源自游戏，体育最高表现形式的奥林匹克运动在英语中仍然属于 game，是一种玩的"游戏"方式。

体育本身就是以学生的身体参与为基础的自我活动。学生参与体育运动是为了通过身体性活动来增强体质、增进健康，是为了达到身心的舒畅和情感的发泄，是为了实现自我生存、发展与完善。

体育审美教育观强调学生通过体育学习来培养体育的审美情趣，在体育过程中，通过引导学生欣赏体育美，强化学生的个人意识。促进学生主动地投入其中，主动地活动，让他们在活动中主动地发展。通过学生欣赏体育美，感受体育美，享受体育美，进一步掌握体育运动基本知识、基本技术、基本技能，促使学生体育兴趣的提高，把学生重新吸引到体育课堂中来。通过体育美的感受，进而让学生正确理解体育中的成功与失败，竞争与合作，快乐与痛苦。可以说，体育的学习不经历痛苦，不经受挫折是不可能真正领会体育的奥妙的。要想取得好的体育学习效果，必须通过对身体的艰苦训练和对心理的不断调节。我们强调在体育过程中让学生感受体育的美，并不是说只有快乐与成功是美的。在体育活动中，有时候失败与痛苦更是一种美。因为只有经历了失败与痛苦，才能体会到成功与喜悦。所以，在体育审美教育中，要让学生体验失败的痛苦，从痛苦中领悟人生，进而再上升到成功。同样，也要让学生体验快乐的时候去体验不快乐，让学生学会去承受痛苦，理解痛苦，从而建立一种良好的心态去面对未来的生活和社会。这一点正是其他学科与体育无法相比的。在这样一个过程中逐步建立和完善学生的审美心理结构。由于审美心理结构的逐步完善，影响智力结构的逻辑思维模式导向自由直观，影响伦理结构的道德规范导向自由意识，从而达到心理结构的完善，协调发展。体育审美教育在于它为健康身体带来精神自由活动，养成健全的体魄。体育审美教育观是一种多元的、综合的、全面的、发展的体育观，它的着眼点在于体育要以人为本，以人的自由全面的发展为目的，要适应构建和谐社会的要求。整个教育过程，要从培养全面自由发展具有独特个性的人的视角，为构建和谐社会服务。将体育技艺的掌握看作不仅仅是知识的传授，而更重要的是对情感的陶冶和感染，把体育的最高境界从技术自由引入审美境界。体育审美教育是在一种体育过程中，通过培养学生认识和体会体育运动中的美，从中体验到运动的乐趣，提高学生参与体育的动机，促进学生身心和谐发展，进而树立终身体育、终身健身的理念，养成坚持体育锻炼的习惯，从而达到"身心兼修，魂魄并铸"的教育目的的一种体育观念。

第二节　高校体育审美教育的意义

我国近代教育家蔡元培先生指出："体育中含有大量的美育因素，体育是实施美育的重要手段之一。"体育教学中包含很多美的因素，如形体美、仪态美、动作美等。体育教学中应对学生进行审美能力的培养，提高对美的感受、鉴赏，形成健康向上的审美观。

一、体育与审美教育中的独特作用

体育教育与审美教育尽管在教育目标、教育媒介和教育途径上各有特点，但两种教育是相互交融、相互渗透、互为手段、互为目的，审美教育与体育教育作为完善人格结构的整体进程中有着密切的联系。通过审美感知力、想象力、理解力的培养，以塑造情感和心灵，皆在提高学生整体素质的融合教育。

二、让学生形成正确的健美观念

在体育教学中，根据学生个体实际情况，有针对性地塑造学生健美的体魄是非常重要的，特别是当前独生子女娇惯懒惰的现象尤为普遍，我常常利用阴雨天室内课，通过讲解图片资料和有关运动员的实例，帮助高校生弄清什么是"健美"，什么是"健美"的体魄。青春是美丽的，这美丽无论如何不能同健康分开，健与美有着天然联系，体格健壮，体型匀称，充满了青春活力，这才是真正的美。使学生知道健美体格的形成，必须靠持之以恒的锻炼，养成正确的坐、立、行的姿势，是形成健美体格的基础。另外，大学生都比较注重衣着打扮，美观大方的穿戴能给人以美感，然而没有健壮匀称的体格支撑,服饰再新颖别致也很难达到理想的美。在体育教学中,要结合学生的实际情况适时对学生进行健美教育,从而使学生形成正确的健美观念。

三、使学生在运动中获得美的享受

优美的音乐、舞蹈,不仅可以发展学生的柔韧、协调、速度和耐力等身体素质,而且还可以锻炼健美的形体,提高学生的节奏感、韵律感和表现能力,丰富学生的情感,使学生积极主动地参与到体育活动中。在教学时结合具体内容与音乐老师密切配合,使体育教学与音乐教学协调一致。当学生在进行某些活动时,尽量能随音乐节奏进行。将体育与音乐有机结合使学生不仅在生理上得到锻炼和放松,心理上也得到美的享受,促进了学生身心的全面发展。

美的教育功能有利于培养学生的审美观及对美的感受力、鉴赏力。培养学生心灵的行为的健康美有利于培养学生的形体美、运动美以及美的创造力;有利于推动素质教育的全面开展。

第三节　高校体育审美教育的内容

一、身体美

体育的艺术美主要表现在人体美上,是以人体美为主要内容的形式美,包括人体发达的肌肉、匀称的体型。能够给人以健和美的感受。著名雕塑《掷铁饼者》将体育中的身体美充分地表现在人们面前。

二、运动美

体育教学过程充满了运动美的因素,如竞技体操运动中的翻转、摆越、倒立、平衡等动作所表现出来的轻盈、高飘、稳健、力量,给予人强烈的美的感染;健美操运动在糅合了不同风格音乐下有节奏的腾越、踢摆、转体等动作所表现出来的准确、明快令人赏心悦目,叹为观止;武术练习中风格各异、博大精深的套路,动作或舒展,或紧凑,或干净利索,或惟妙惟肖,给人以心灵的震撼;篮球运动中的抢断、传切、投篮,足球运动中过人、飞身鱼跃、大力抽射,排球运动中的高点扣球、飞身救球、巧妙传球等更是高潮迭起、引人入胜,把人带入精彩纷呈的世界。运动者的姿势及相互之间各种动作的配合和编排,充分显示了平衡、对称、和谐、巧妙、多样统一以及节奏感、韵律感等形式的美的规律特征,并将人的力量、智慧、技巧和创造直观地表现出来。学生对美的向往是直接的。体育教学使学生有机会在教师指导学习并亲身体验运动所带来的美的感受,产生激情,往往渴望自己拥有高超的技术,在运动场上一展身手。从而激励自己对运动美更高、更深的追求。

三、行动美

对学生进行共产主义思想、品德教育,使其树立良好的体育道德风尚、陶冶美的情操,是学校体育教学的目的任务之一。体育教学过程的审美教育包括了共产主义理想教育的内容,符合这一理想的行动,就是美的行动。具体来说,行动美包括社会性的行动美和人性的行动美。在体育教学中,社会性的行动美体现为遵守纪律的秩序美、责任美、服从美等,体现同学关系的礼仪美、友爱美、诚实美、合作美、互助美等及爱护公物等美的行动;人性行动美是以符合人性内在品德为内容的体现对待目标的追求美、钻研美等,体现对待困难的坚毅美、忍耐美等,体现对待成绩的谦虚美、进取美等美的行动。体育教学过程的行动美以及其客观存在影响、陶冶学生,而不同的学生受影响陶冶的程度取决于每个人的审美意识和审美能力,可见教育的内容以美的形式表现出来,使审美教育具有无限性、理想性与高度性。

第四节　高校体育教学中审美教育的主要途径

审美教育是一种情感教育,是对人的情感体悟能力导致的意志及行为的培养。学生接受审美教育不是靠灌输和规定,而是靠引导和启发。体育教学过程的审美教育,需要教师通过多种途径,引导学生感知美、欣赏美、表现美,用美感教育开拓学生的胸襟,陶冶学生情操,使学生把爱美、求真、向善统一起来,全面提高学生的审美能力。

一、增强教师的魅力美,提高审美教育的效果

体育教师在教学过程中所表现出来的健美的体形、优美的体态、得体的衣着打扮、热情开朗的性格、和蔼可亲的言谈、耐心细致的指导、公正公平的态度、轻松准确的示范等,构成了教师的魅力美,这种魅力美能使作为审美主体的学生对审美客体的教师做出美的评价,并能从教师身上看出自己的理想与追求。教师富有魅力的美能吸引学生的心,使之怀有一种"向往"的力量,从而培养学生的审美意识,提高对美的感受,激发追求美的行动,在教学过程中获得良好的审美教育的效果。

二、加大向学生传授美学知识的力度,培养学生的自觉审美意识

体育教学不能仅仅增强学生体质,传授体育知识,教师还应结合教学中蕴含的各种美的因素,通过教学的各环节向学生传授一定的美学知识。讲求教学艺术,把学生的潜能和学习的创造性发挥出来,有目的地引导学生用马克思主义美学观去感知美、欣赏美,养成自觉的审美意识,提高审美能力。从而促进学生品德、智慧、体质的和谐发展。

三、充分利用多媒体教学,扩大审美教育的网络

组织学生观看体育比赛的直播、录像,布置学生阅读有关体育报纸杂志,指导学生从美的角度去欣赏、评论其中的内容,例如组织学生观看体操比赛的电视录像,从中欣赏体操竞技中的美以及运动员受伤后所表现出来的顽强、坚毅的美,感受其中体现出来的中国当代青年的拼搏精神和不屈不挠的意志。从而感染学生的心灵、陶冶学生的情操。

参考文献

[1]张虎祥.体育文化与全民健身[M].北京:九州出版社,2018.

[2]王春.体育文化传播教程[M].沈阳:东北财经大学出版社,2017.

[3]王彦英.多元体育文化的创新与发展研究[M].北京:中国书籍出版社,2019.

[4]王志斌,严红玲,李梁华.高校体育与健康教程[M].南昌:江西人民出版社,2017.

[5]樊晓东,杨明,苏红鹏.学校体育文化建设[M].武汉:武汉大学出版社,2016.

[6]刘德华.略论高校体育健康教育思想与健商文化[J].体育文化导刊,2006.

[7]王艳云,左成.探析我国高校校园体育文化[J].北京体育大学学报,2006.

[8]杨玲.高校体育文化"三位一体"教育模式构建[J].北京体育大学学报,2015.

[9]徐伟.高校校园体育文化建设及其育人的内在机理分析[J].北京体育大学学报,2015.

[10]高永强.论体育文化需要与人的发展[J].北京体育大学学报,2015.

[11]王芹,齐书春,周曰智.生命历程视野下青少年体育健康素养研究[J].山东体育学院学报,2015.

[12]赵洪波.青少年体育健康促进联动机制研究[J].体育学刊,2018.

[13]杨国庆,刘红建,郇昌店.新时代我国青少年体育公共服务体系建设研究[J].北京体育大学学报,2018.

[14]王海彬,周恺.大学生体育健康意识与行为调查分析[J].长春师范大

学学报,2018.

[15]杨景元,董奎,李文兰.体育教学管理与教学现状[M].长春:吉林人民出版社,2019.

[16]邹红.普通高校高水平运动员社会流动研究[M].厦门:厦门大学出版社,2019.

[17]吕一中.新时代背景下学前教育发展研究[M].北京:北京理工大学出版社,2019.

[18]王建军,白如冰.高校体育文化教育研究[M].长春:吉林美术出版社,2018.

[19]包娅,刘洋.高校体育文化教育研究[M].北京:中国纺织出版社,2018.

[20]孙宝国.高校体育审美教育研究[M].长春:吉林美术出版社,2018.

[21]受中秋,王双,黄荣宝.高校体育教育发展与改革探究[M].长春:吉林大学出版社,2018.

[22]陆宇榕,王印,陈永浩.体育文化与健康教育探究[M].北京:新华出版社,2018.

[23]曹丹.体育健康与体育教育学研究[M].天津:天津科学技术出版社,2018.

[24]邵林海.地方高校体育教师专业发展研究[M].北京:冶金工业出版社,2018.